ただ、そこにいる人たち

小松理虔さん「表現未満、」の旅

認定NPO法人
クリエイティブサポートレッツ
小松　理虔

現代書館

いざ
「表現未満、」
の旅へ。

「表現未満、」とは、だれもがもっている自分を表す方法や本人が大切にしていることを、とるに足らないことと一方的に判断しないで、この行為こそが文化創造の軸であるという考え方です。

そして、「その人」の存在を丸ごと認めていくことでもあります。良い、悪いといった単純な二項対立ではなく、お互いがお互いのことを尊重しながら、新しい価値観が生まれ、ともに生きる社会を皆で考えていく。

それが、「表現未満、」プロジェクトの願いです。

認定NPO法人クリエイティブサポートレッツ

はじめに

静岡県浜松市で障害のある人たちの福祉事業所を運営する認定NPO法人クリエイティブサポートレッツの理事長、久保田翠《みどり》さんから、「小松さんの目線で、レッツについて自由に書き綴って欲しいんです」というオファーをもらったのは、2019年がはじまったころだったろうか。いや、おれ、障害福祉のことなんてなにも知らないし大丈夫かな、そもそも作家でも研究者でもねえぞ、と逡巡したのだけれど、文化庁の助成事業として予算がおり、交通費も原稿料も支給されると聞き、「うお、うまいうなぎが食べられるのでは?」と確信したぼくは、深く考えずにその仕事を引き受けた。

具体的な仕事の内容は、月に1度レッツの活動拠点に通い、そこで体験したこと、考えたことを、ウェブマガジンに書き綴るとともに、最終的に1冊の事業報告書にまとめるというものだった。本書は、その報告書をベースにあらたな論を補強しつつ、レッツの日常を捉えた写真を大幅に加えたものである。文化庁に提出した報告書とはちがう、新しい本が完成した!

といっても、本書は専門書でもなければ研究書でも哲学書でもない。筆者は福祉の専門家でも支援のプロでも、障害当事者でも当事者の家族でもない。支援者でもない。じゃあなんだ。いうなれば、「部外者」としてレッツの活動を観光した記録、つまり「紀行文」といえるかもしれない。ヨソモノとしてよその土地を訪れ、旅の恥はなんとやらで、ローカルなルールに縛られることなく、その場を体験し、障害とはなんだろう、福祉ってなんだろう、支援ってなんだろう、というようなことを考えてみた、その旅と思考の記録である。

レッツは、だれもが持っている自分を表す方法や、大切にしていることを、とるに足らないことと判断することなく、その行為こそ文化創造の軸だと認める「表現未満、」という考えを標榜している。重い障害があろうと、その人が、いたいようにいられる場づくりを模索し続けてきた。「いたいようにいられる」、「表現したいように表現できる」は、じつは利用者だけでなく「ぼく」にも向けられていて、ぼくもまた、いたいようにいることができたし、書きたいように書くことができた。なぜそんな垣根のない場づくりができているのかを、本書でじっくり考えているので、ぜひ最後まで読み進めてもらいたい。

あ、そうそう。本書の元となった「報告書」と大きく異なる点がひとつだけある。久保田さんの長男で、レッツが運営する事業所の利用者でもある久保田壮《たけし》さんの呼び名が、報告書では「たけしくん」だったのに、本書では「たけちゃん」になっていることだ。報告書を書いたときよりも、さらに長くレッツに関わり、本書を最後まで書ききることで、ぼくはシンプルに「たけちゃん」と呼べるようになった気がして、全文を「たけちゃん」に書き換えた。その意味で本書は、障害福祉の「部外者」が、障害者でも利用者でも当事者でもなく「友だち」として彼らを捉えるまでに至った、その軌跡を綴った本、といえるかもしれない。さあ、「表現未満、」の旅へ、出かけましょう。

小松理虔

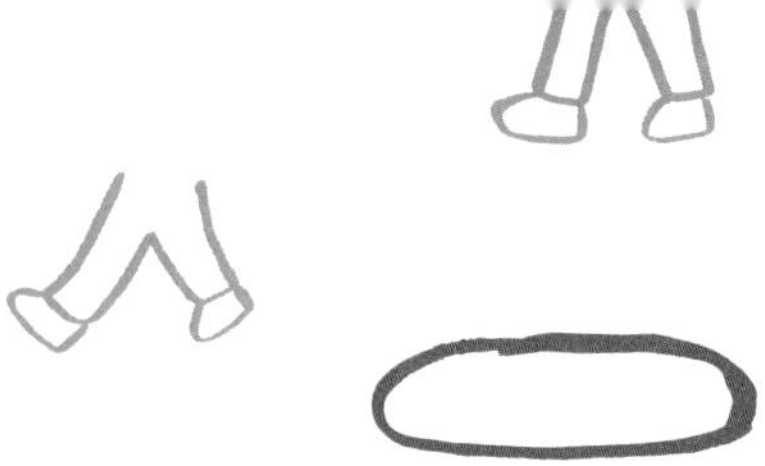

目次

レッツ基本情報

「さまざまな人々がともに生きる社会」（ソーシャルインクルージョン）の実現をミッションに活動しているNPO法人。2000 年創設。職員数 27 名。

旅の拠点・認定NPO法人クリエイティブサポートレッツ

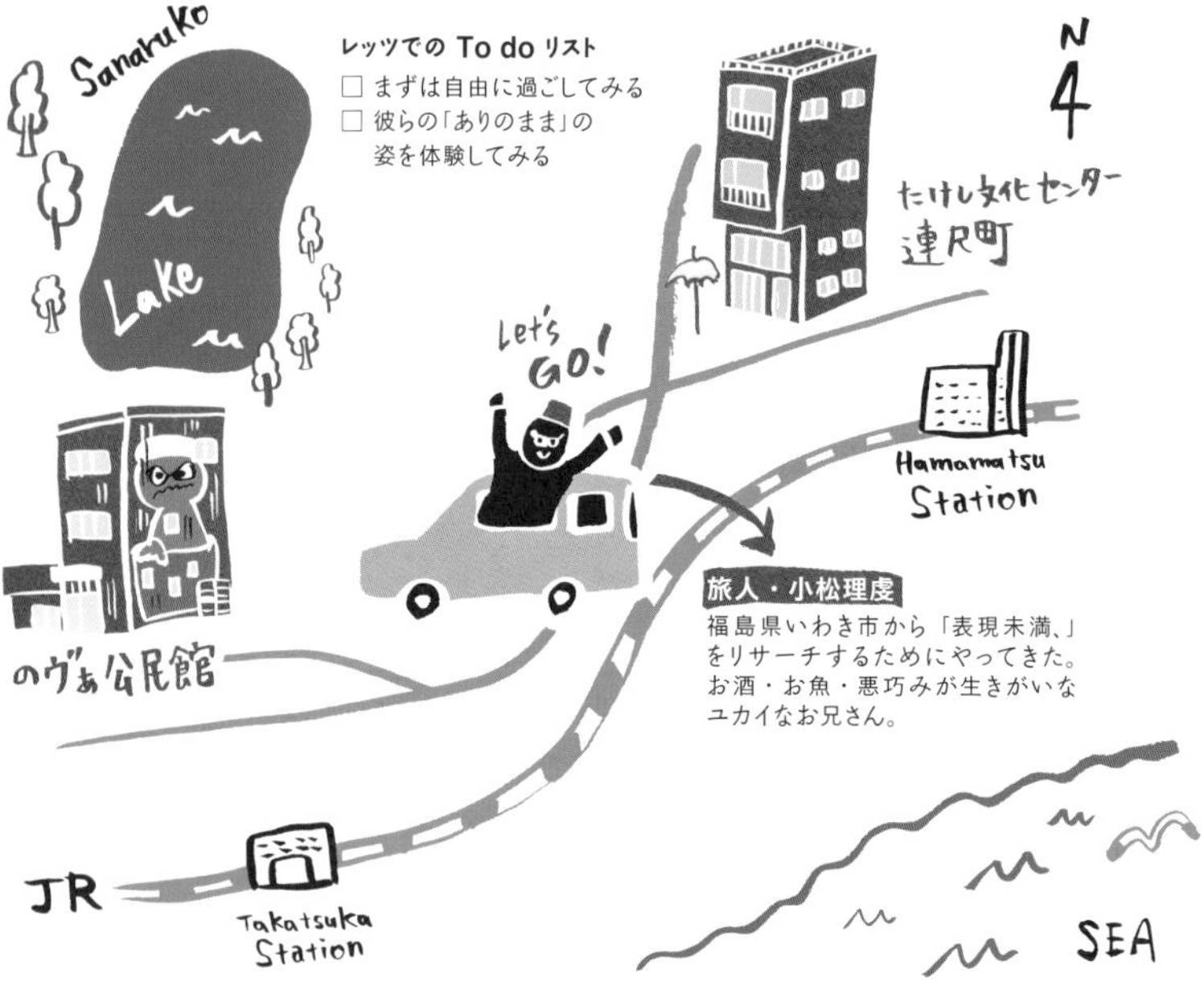

レッツでの To do リスト

□ まずは自由に過ごしてみる
□ 彼らの「ありのまま」の姿を体験してみる

旅人・小松理虔

福島県いわき市から「表現未満、」をリサーチするためにやってきた。お酒・お魚・悪巧みが生きがいなユカイなお兄さん。

拠点 ②
のヴぁ公民館

レッツが運営する私設私営の「公民館」。地域に開かれた、誰もが利用できる「居場所」。2014年に開所。

［アクセス］
〒432-8061
静岡県浜松市西区入野町9156 - 4
（雄踏街道沿い山田屋製菓舗さん隣）
遠鉄バス「入野」バス停下車徒歩すぐ
《上り》浜松駅／医療センター 浜松駅／鴨江 浜松駅 行き
《下り》宇布見　山崎／大平台1丁目 行き

拠点 ①
たけし文化センター連尺町

2018年11月にレッツが浜松市の中心市街地にオープンした建物。障害のある人の障害福祉施設（アルス・ノヴァ）でありながら、地域の文化創造発信拠点を目指している。

［アクセス］
〒430-0939
静岡県浜松市中区連尺町314 - 30
TEL 053 - 451-1355
JR浜松駅より、徒歩10分
車でお越しの場合、浜松インターより20分

1

ただ、そこにいる人たち

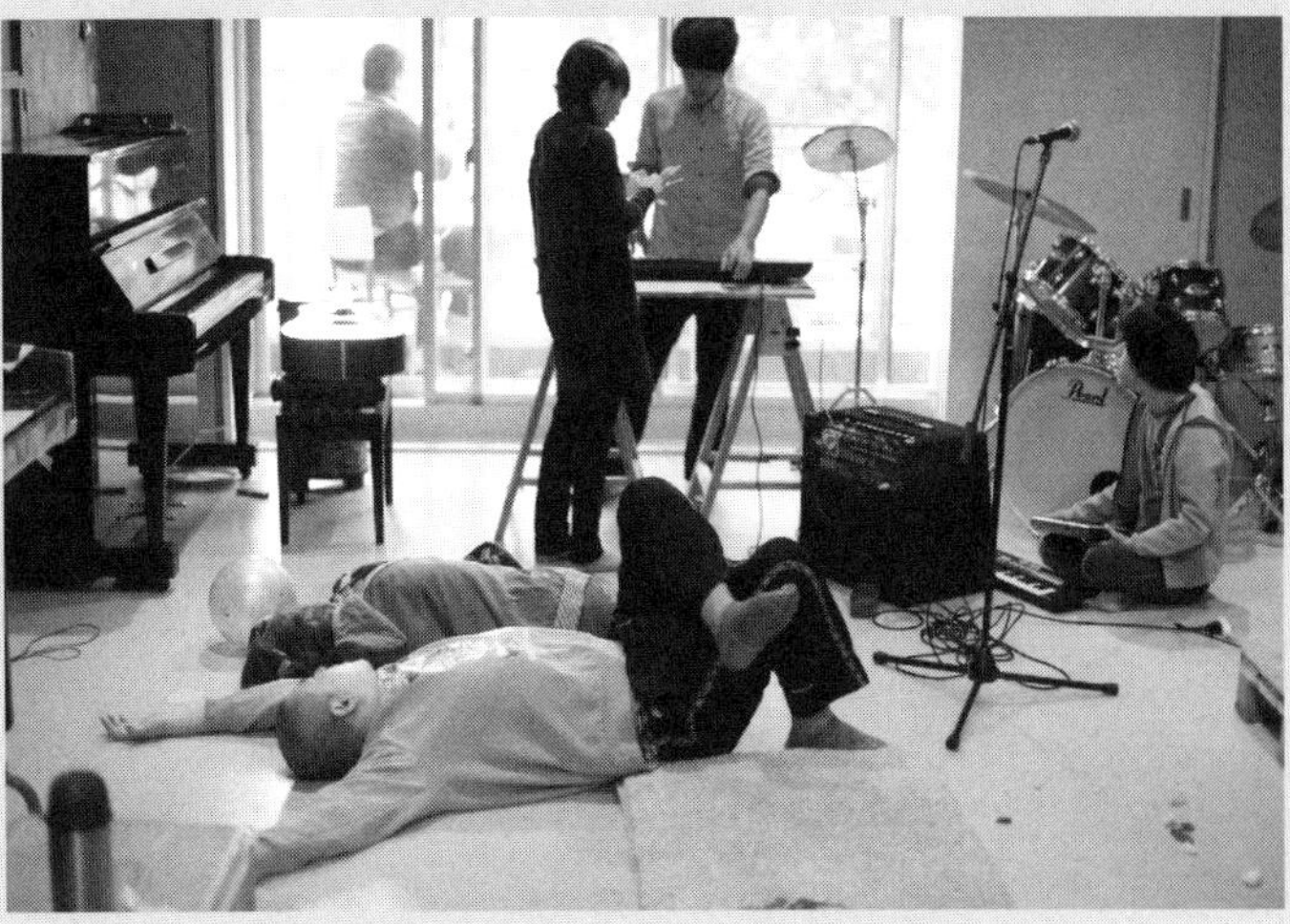

ぼくがその場所へ着いたとき、スタッフのみなさんは会議中のようだった。なにやらスペースの奥のほうで大事そうな話をしている。ぼくは邪魔をするまいと、しばらく入口近くの席に腰を下ろし、汗が引くのを待ちながら、周囲をぼーっと見渡していた。

入口のそばには、これまでのアートプロジェクトで制作された冊子やチラシ、パンフレットなどが所狭しと置かれている。天井からは太鼓のような造形物がぶら下がり、上の階からは、なにやら激しくドラムを叩く音がするのだった。「あれ、障害のある人たちの施設に来たはずなのに」。ここをはじめて訪れた人たちは、きっとそんなふうに困惑するだろう。ぼくもかなり面食らってしまい、しばらくのあいだ、ぼーっと突っ立っていることしかできなかった。

ここは、浜松市中区連尺町、「たけし文化センター連尺町」である。定型句っぽくなりそうだけれど、ちょっとだけこの施設のことを紹介しておこう。

たけし文化センター連尺町（以下、本書では「たけぶん」と略す）は、重度の知的障害や精神障害など、さまざまな障害や生きにくさのある人たちが日中の時間を過ごす場所だ。認定ＮＰＯ法人クリエイティブサポートレッツが運営している。理事長の久保田翠さんは、重度の知的障害のある息子、壮くん（以下、たけちゃん）の母親でもある。食事やトイレにもサポートが必要な重い障害のあるたけちゃんを育てるなかで、本人がやりたいと思うことを思い切りできる場をつくろうと、2000年にこの団体を創設した。立ち上げから20年。たけちゃんは24歳になった。

レッツの特徴は、ものすごく簡単にいえば、日々の支援にアートや音楽などさまざまな表現行為を取り入れ、彼らが自由に過ごせる場づくりをしていることだ。設立以降、翠さんたちは毎年のように先進的な取り組みを企画し、「表現未満、実験室」という取り組みでは、平成29年度の「芸術選奨文部科学大臣新人賞」を受賞している。障害福祉なのに「芸術選奨」だぜ？　レッツの活動は、福祉の領域だけでなく、アートや演劇、音楽など広く表現に関わる人たちからも注目されているのだ。で、ぼくはそのレッツから「小松さん目線でレッツの日々を書き綴って欲しい」という、謎にふんわりとしたオファーをもらい、定期的に通うことになったのである。

受付の席に座って仕事をしていたスタッフの久保田瑛《あき》さんに案内され、入口のそばの席でぼんやりいろいろなものを眺めていると、利用者たちが窓際に置かれた箱から弁当を取り、それぞれに昼食を食べはじめた。食事するのに介助が必要な人もいる。箸がうまく使えないのでスプーンでガツガツ食べている人もいる。背筋を伸ばして姿勢よく食べる人もいれば、器用に箸を使って大豆を一つひとつ摘んで食べている人もいた。

　ぼくにはなんだかそのシーンがとても不思議なものに感じられた。みんなだいたいおなじような弁当を食べているはずなのに、食べ方がこんなにも異なっていたからだ。いま思えば、「食べ方がいろいろ」なんてことはあたりまえのことなのだけれど、そのときはしみじみと「いろいろな食べ方があるもんだなあ」と印象深く思えたのだった。そしてぼくは、4歳になるぼくの娘の保育参観に行ったときのことを、ふと思い出した。

　子どもたちが、みんなで揃ってお昼ご飯の歌を歌う。そして元気よく「おあがりください、いただきます！」と挨拶をする。ぼくは、娘たちの歌や挨拶に感動した。あんなに小さく身勝手だった子どもたちが、みんなで揃って挨拶ができるようになっている。なんと頼もしいことかと。

　ぼくたち親は、みんなで統制のとれた行動をさせることを教育だと考えてしまいがちだ。けれど、いまこうしてたけぶんのみんなを見ていると、ほんとうは、子どもたちだって食べたいように食べたかったのではないか、という気がしてくるのだった。子どもたちがしっかりと挨拶してみんなでご飯を食べられるようになる。それはあたりまえの教育で、ぼくの親たちもあたりまえにそう考え、ぼくたちを幼稚園に送り出してきたはずだ。あたりまえ。そりゃあそうなのである。けれど、この場所では、ほんとうにそうなのかな、と思ってしまうのだ。子どもたちは、というかぼくたちだって、本来は自由に食べたいように食べていいはずじゃないか。たまには手でつかんで食べたいし、ズバズバ音を立てて食べたいし、指だって舐めたいかもしれないし、寝っ転がって食べたいかもしれない。いや、むしろ逆に、そんなに食べたくないかもしれない。

ぼくたちは本来の無秩序さを、教育とかマナーとか常識とかでコントロールし、社会性とやらを学びながら、人様に迷惑をかけないよう「みんなおなじようにやっていること」を身につけ、社会の一員として生きている。でも、もしかしたら、ぼくたちは社会の一員となるために多くのことを学んできたいっぽうで、なにか大事なもの、たとえば「あれ、そもそも人ってどういう存在だったっけ」みたいなことを自問する時間を忘れてしまってもいるのだろう。

腹が減っていたので、ぼくもいっしょに弁当を食べた。さあ、ぼくはどんなふうに食べたいだろうかと考えた。目のまえにあるのは、レッツの近くの「ザザシティ」の地下で買ったチキン南蛮弁当。箸を使っておかずを口に運んだ。おかずとご飯とを「三角食べ」しながら、よく噛んで食べていく。おもしろみもない食べ方で、まったく個性的じゃない。そんな自分に思わず苦笑した。

ただ、そこにいる人たち

ご飯が一段落すると、みんな、好きなように過ごしはじめた。なにかをしなさいといわれるわけではない。椅子に座っておしゃべりをしている人。ソファーでごろんと横になっている人。なんとなくソワソワしている人もいるし、なにか呪文のようなものを唱えている人もいる。ぬいぐるみを抱えて階段を往復している人や、スタッフに悩みを相談しているように見える人もいるし、奥のほうで事務作業をしている人や電話をしている人もいる。ぼくはといえば、スタッフだか利用者だかよくわからない村木さんという男性からくだらないダジャレを教えてもらって、ひたすらゲラゲラと笑っていた。

みんながそれぞれに、ただ、そこに、いたいようにいた。名札をかけているわけではないし、制服があるわけでもないので、もはやスタッフと利用者の垣根もない。利用者っぽい人がべつの利用者っぽい人をなだめていたり、利用者っぽい人とスタッフに見える人がふざけあっていたりしているので、そのわからなさはさらに大きくなる。ぼくも基本的には放置されている。ぼくは、途中から自分の立場なんてどうでもよくなって、だれがスタッフで、だれが利用者なのか考えるのをやめた。存在することが、ただただシンプルに許されている、そんな不思議な空間だった。

ここは、重度の知的障害がある人たちが通う施設だ。障害者施設というからには、なにかをつくったり、なにかを学んだり、なにかのカリキュラムをしたりしているはずだと思っていた。ところがちがった。この施設にあるのは「ただ、そこにいる」だけだった。そして、それがあてはまるのは利用者たちだけではない。スタッフも、ただ、そこにいる（ことを支える）のである。つまりそれで支援が成立するということだ。

けれども、それはもうひとつの、べつの厳しい事実を突きつけていた。ここは支援の場所である。当然なにもしていないわけではない。スタッフは「そこにいられるように」支援しているということだ。つまり、みんな支援されてはじめて「ただ、そこにいる」ことができているのである。逆にいえば、支援がなければ「ただ、そこにいる」ことも難しいということを意味している。

その事実に思い至り、ぼくはハッとした。集団行動を乱すとか、みんなを怖がらせてしまうとか、仕事にならないとか、彼らが排除される理由はいろいろあるだろう。なにかをずっとつぶやいていたら「やかましい、出ていけ」と怒鳴られるだろうし、落ち着きなくソワソワしていたら「仕事をしろ」と怒られる。彼らの行動の多くは「迷惑行動」とされてしまう。おまけに、少なくない利用者が食事やトイレにサポートが必要だ。「ただ、そこにいる」ことは、自宅を一歩出たら、というか自宅ですらとても難しいことなのだ。

その「ただ、そこにいることの困難さ」は、なにも利用者だけに限った話ではあるまい。ぼくたちは、ただそこにいるだけでは価値がないとされる社会に生きているからだ。生産性を問われ、だれかの役に立ったり、売上を上げたりしなければ存在価値を認めてもらえない。男らしさや女らしさ、父親や母親、会社の役職など、果たすべきさまざまな役割を押しつけられたりもする。

ぼくたちは、ただそこに突っ立っているだけではダメなのだ。

ただ、そこにいるだけでいい。

この場所に漂うメッセージは、ぼくの中にもある「生きにくさ」も優しく包みこんでくれていた。そして同時に、ぼくがいかに「存在価値」のような概念にまみれているかを鋭く突きつけもした。ぼくは、娘に「生まれてきてくれただけでいいんだ」なんていっておきながら、いろいろななにかを期待し、その期待を押しつけている。自分だって、フリーライターとして価値を生み、この社会の中で評価を上げなければ食っていけないとも思っている。ぼくたちは、「いるだけでいい」と「いるだけじゃダメ」、その両方を巧妙に使いわけて暮らさざるをえない。その大きな矛盾がなんだか鈍く痛かった。

けれど、その大前提を忘れてしまうのと、つねに立ち返るべきスタートラインに設定しておくのとでは、人への向きあい方は変化するのではないだろうか。すこし自分に引きつけていえば、娘に、いまよりもっと穏やかに向きあえるのではないかと思ったのだ。「こうしなさい」ではなく「それでもいいいか」と穏やかにいまを受け入れる、という感じで。

最初はみんな思う。そこにいてくれるだけでいいと。けれどその「スタートライン」は、いつ

床に座り、ぼんやりとまちを眺めるこっちゃん

のまにかかき消され（というか見ないことにして）、ゴールラインばかりが、価値や評価の世界に先延ばしにされていく。ぼくたちは、もっとまえへ、もっとさきへと急き立てられ、ずっとずっと、そのゴールラインだけを追いかけてきた、そんな気がする。ぼくたちは、成果や目的、生産性というゴールラインではなく、いま一度、そもそもの「生存」が許される場所や、「ただ、そこにいていい」というスタートラインを取り戻さないといけないのではないか。

ああ、なるほど。たけぶんって、ぼくたちが立ち戻るべきスタートラインのような場所なのかもしれない。ゴールばかりを追い求める社会で、そもそもの出発点に立てる稀有な場所。そんなことを、レッツに関わることになった最初の日に、ぼくはしみじみと感じたのだった。

2

「表現未満、」「表現以上」

クリエイティブサポートレッツは、3年ほどまえから「表現未満、」というコンセプトを掲げたイベントを頻繁に開催している。たとえば、歌が好きな利用者のライブとか、絵が好きな人の作品展示とか、おもしろい人とおもしろいことを楽しむ時間をイベント化しちゃうとか。日々そんな調子で、多様な利用者を「表現する人」として捉え、彼らを主役にした「表現未満、」のイベントを開催し続けてきた。ぼくがこうして関わっているのも、じつは「小松理虔さん『表現未満、』の旅」という1年がかりの企画だったりする。

しかしなあ、この「表現未満、」という言葉、なんだかすごく腑に落ちるようで、しっかりと言語化するのが難しい言葉だよなと思う。ほんとうはすごく奥が深いのに、語呂がいいからなんとなくわかったつもりになれてしまう、そんな類の言葉かもしれない。

公式パンフレットにはこうある。

表現未満とは、だれもが持っている自分を表す方法や本人が大切にしていることを、取るに

足らないと一方的に判断しないで、この行為こそが文化創造の軸であるという考え方です。そして、その人の存在を丸ごと認めていくことでもあります。世の中には多様な人々がいます。そして様々な価値観があります。良い・悪いと言った単純な二項対立ではなく、お互いがお互いのことを尊重しながら、新しい価値観が生まれ、共に生きる社会を皆で楽しみながら考えていく。それが、「表現未満、」プロジェクトの願いです。

パラパラとパンフレットをめくりながら、以前、福島県猪苗代町にある「はじまりの美術館」という美術館で、障害者のアートを取材したことを思い出した。芸術の教育を受けていない作家が、表現欲求に突き動かされて制作した作品がある。それらは「アール・ブリュット」とか「エイブル・アート」とか「アウトサイダー・アート」とかいったりするのを、少なからぬ読者が知っているだろう。「表現未満、」も、それと似たようなものかもしれないと直感的に思った。根源的な欲求や理由なき衝動に突き動かされて制作されたもの、それが「表現未満、」だと。

5月30日。レッツが運営するたけぶんに来て2日目の朝。ぼくは近所にあるモスバーガーでハンバーガーを食いながら、さっき書いたようなこと、つまり「表現未満、」とはなんぞや、ということを考えていた。いや、正確にいえば、考えたのは「表現以上」のことだった。「表現未満、」

について考えるまえに、まず「表現以上」のことを考えてみたわけだ。

公式パンフレットにあるように、「表現未満、」が「だれもが持っている自分を表す方法や本人が大切にしていること」だとするなら、「表現以上」はいうなれば、その人の根源的な領域ではないものだ。たとえば、明確な理由があって制作されたもの。なんのためにつくるのか、はっきり目的が決められているもの。なんらかの価値が社会的に認められたもの。お金に換算されるものや、「いいね!」を獲得するために練り上げられたもの。クライアントのためにつくられるものや、世に認められたたしかな技術や技能に裏打ちされたもの。もしかしたら、世の中で広く「表現」といわれるようなものは、だいたいこの「以上」のほうかもしれない。

こんなこと、いままでじっくりと考えたこともなかった。「表現」といえば「表現」しかなかった。ここに「未満」という言葉がつくことで「未満があるのなら以上もあるのかな?」、「ではなにが未満で、なにが以上なの?」と、つぎつぎに思考が立ち現れ、ぼくに考えさせる。そしてその結果、ぼくは、いかに自分が「表現以上」の世界にどっぷりと浸かってきたかに気づかされた。ぼくの原稿は現金に換算されるし、いい原稿もあれば悪い原稿もあり、発信した以上、ネットの記事はバズりたいなあとか思う。もっと原稿料上がらねえかなとか考えていたりもする。「表現以上」の世界にはなにごとも目的があり、意図や責任があり、ともすればそれらは「生産性」みたいな言葉で語られたりもする。ぼくたちは、そんな「表現以上」の厳しい世界で日々評価されているわけだ。おっかねえなあ。

そうして「表現以上」のことをぼんやりと考えてみたら、ではぼくには「表現未満、」の領域はあるのだろうか、ということを考えてしまった。ぼくにも、なにか根源的な欲求に突き動かされてつくったものはあるのだろうか、いや、ぼくが「表現」と考えてきたものは、どれもみな「表現以上」のものじゃなかったか。ぼくには「ぼくそのもの」と呼べるようなものなんてないかもしれない……などと。ぼくは、食べかけのトマトハンバーガーと、すっかり氷が溶けてしまったアイスコーヒーをぐいと飲みこんで、モヤモヤしたままたけぶんに向かった。

たけぶんに着くと、数人のスタッフが開所の準備をしていた。「おはようございます」と声をかけると、なんと、送迎車に乗せてもらえることになった。レッツは、この「たけぶん」以外にも、浜松市内の入野町というところに「のヴぁ公民館」(以下、「のヴぁ公」と略する)という施設や、子どもたちが通うデイサービス施設などを運営している(レッツの組織については、あとで詳しく解説しているので詳しくはのちほど)。法人全体で日々30〜40人の利用者を受け入れているそうだ。多いのか少ないのか、ぼくにはよくわからない。

内閣府の「平成30年度版障害者白書」によれば、知的障害者とされる人は、全国に108万人ほどいるらしい。人口1000人当たり9人くらいの計算になるそうだ。ぼくが住むいわき市なら、人口は34万人なので単純計算で3060人ほど。浜松市なら人口80万人なので7200人ほど。レッツのような施設が、最低100箇所はあってもいいくらいだ。浜松市にはどのくらいの施設があるのだろう。今度調べてみよう。

車に乗って連尺からまっすぐに入野へ向かえばおおよそ20分ほどの道のりを、利用者の自宅や待ち合わせポイントまで迎えにいくので、ざっくり1時間以上はかかる。ぼくは、送迎車を運転していたレッツのスタッフ、高林《たかばやし》さんとおしゃべりしながら入野を目指すことになった。そこで高林さんからとてもおもしろいエピソードをいくつも聞いたのだが、これはべつの項で取り上げることとして、話の舞台をのヴぁ公へと移そう。

水浴びはだれの迷惑？

のヴぁ公にも、日中の時間を過ごすため、重度の知的障害がある人たちがやってくる。のヴぁ公のある入野町は浜松市の中心部から少し離れた住宅地で、佐鳴湖《さなるこ》という小さな湖もある。駅から近い連尺町にあるたけぶんとはちがい、とても静かだった。のヴぁ公の利用者も、まちの雰囲気も手伝ってか、どちらかというと工作やお絵かきなどをしたり、広めの部屋で居眠りしたりして、まったりしている人が多かった。

入野町にある「のヴぁ公民館」。レッツのもう一つの活動拠点だ

ところが、裏手に回ってみると状況がちがった。決して夏日というわけではないのに、坊主頭の男性がめっちゃ気持ちよさそうに水浴びしているではないか。

この男性、こうちゃんという。とにかく水が好きで、ダメだといってもポケットに水を忍ばせたり、下着だけ濡らしてしまったりと、水にものすごく強いこだわりを持っているそうだ。目のまえのこうちゃんは、思い切り水を浴びてめっちゃいい顔をしていた。いやあ、水を得た魚とはこのこと。そばにいた女性スタッフの蕗子《ふきこ》さんがいった。「すごい研究熱心だなあ。こうちゃんは水に濡れることに対する飽くなき探究心がすごいんですよ」と。

飽くなき探究心！　こんなところで大人が水浴びをしてたらふつうは「風邪引くだろう、なにやってんだ」となるだろう。迷惑だと怒る人だっているかもしれない。ところが探究心で濡れている、研究のために水浴びしているんだと捉えると、目のまえの行為がものすごくポジティブなものに思えてくるから不思議だ。次第に、水浴びすることとこうちゃんは不可分のものに思えてきた。注意しなくちゃいけないのは風邪を引くことくらい。なぜだかぼくも水浴びしたくなってきた。

ところが、いろいろと話を聞いてみると、ぼくのそんな悠長な思いとは裏腹に、現場には葛藤があったという。この日の午後、蕗子さんとなんとなしにおしゃべりしていたのだけれど、「水を浴びさせてもいい」という方針が決まるまで、レッツのスタッフにさまざまな葛藤があったそうだ。

蕗子さんは、堰を切ったように話をしてくれた。

「こうちゃんが水で頭を洗ってるとき、なにやってんの！　って叱ってしまって、ああ私はなにやってるんだろうって思ったことがけっこうありました。そんなとき、スタッフで集まって支援会議をして、水を浴びて困るのはだれだろうって話をしたんですね。久保田さんから、それは私じゃないかっていわれて、そうか、困ってるのは私なんだなって気づいたんです」

「だったら、私ひとりが気持ちを切り替えて、水を浴びてもいい状態で迎え入ればいい。唯一の心配事は風邪を引くこと、洗濯物が増えちゃうことだから、こちらで着替えを用意して水浴びしてもらえば、こうちゃんのお母さんにも迷惑はかからない。それでいいじゃんと決まったんですね。そのときは、いやあ考えとしてはそうだけど……って、なかなか飲み込めなかったんです」

「それが飲み込めるようになったのは、諦めもあるのかもしれないですね。こうちゃんがおしっこでズボンを濡らしたりすると、なんで濡らすのーっていっちゃって。自分もしんどい。相手もしんどい。すると今度は下着のシャツだけ濡らすとか、こっそりポケットの中だけ濡らしたりして。それでもダメだっていうと、そのうちペットボトルのジュースをかぶったりしちゃうんです」

「そうしたら、笑えてきたんです。すごいなって。飽くなき探究心だなって。それで、諦められてきた感じですね。それと、怒ってもいいんだってわかってきて楽になりました。私、怒っちゃうことに罪悪感があって。けど、周りの先輩も、そうなるよねっていってくれて。それはそれでアリだって思えるようになった。支援者とはいえおなじ人間ですから。ああ、私今日はダメだ、調子悪いから代わってくださいっていっちゃってもいい。そう思えて、ようやく諦められるようになった気がします」

蕗子さんは、もしかしたら、こうちゃんを支援するということにこだわってしまったのかもしれない。そのこだわりが抜け、蕗子さんが解放されたら、こうちゃんも自分らしくいられるようになった。そう解釈することは無理があるだろうか。蕗子さんの正直な述懐は、なぜだかとてもぼくの心を打った。ぼくも似たような葛藤（圧倒的にぼくのほうが小さいけれど）を抱えていたからだ。

表現未満、とはメガネのようなもの？

4歳の娘のことをまた思い出していた。彼女は、毎朝着替えを用意するとき、いつも「スカー

裏手の庭で水浴びしていたこうちゃん、水が大好きなのだ

トがいい」と要求してくる。今日は外遊びがあるからズボンにしなさいといっても聞かない。幼稚園に持っていくお着替えにも、「明日はズボン穿くから」と約束してスカートを持っていくのだが、いざ次の日になってみると、また「スカートがいい」と泣きじゃくる。彼女のタンスは、いまではもうスカートばかりになってしまった。彼女はべつにお尻が汚れようが、蚊に刺されようがかまわないと思っている。スカートが汚れて困るのは親だ。それに、ぼくたちは服を汚さないように遊ばせるのは「しつけ」でもあるし、要求を通したらわがままな娘に育ってしまうのではないかと思ったりしている。ズボンを穿けというのは、まあつまり「親の都合」なのである。

ある朝、クッソ忙しいときにそれがはじまり、こちらも譲れなくなって、泣いている娘に無理やりズボンを穿かせた日があった。彼女は泣きじゃくっていた。そして仕方なしにズボンを穿き、泣きながら幼稚園に連行された。彼女はその日をどう過ごしただろう。つまらなかっただろうか。案外ズボンでも調子よかったのだろうか。申し訳ないことをしたなあ。

それを思い出したとき、あっと気づいた。彼女がどうしようもなくスカートを穿きたいと思っていること。どうしてもスカートにこだわってしまうこと。それって「表現未満、」に近いものなのでは？　と。

どうしてもそれにこだわってしまう。彼女にとってそれはスカートだったのかもしれないと試しに思ってみた。すると、スカートしか穿きたくない娘こそ我が娘だと思えてくる。スカートを穿きたいと思うことは「わがまま」なのではなく、まさに「彼女らしさ」のように思えてくるのだ。それが「表現未満、」の正しい解釈なのかはわからない。だいぶ都合のいい解釈だとも思う。けれどぼくは、こうちゃんの水浴びに対するこだわりと娘のスカートに対するこだわりが、それほど大きく異なるものではないと思えたし、こうちゃんのあのいい顔と、スカートを穿いてご機嫌になっている娘が、ちょっと重なって見えたのだった。

そして、娘を通じてそう考えてみると、妻にも、ぼくの父や母にも、というかぼくにすら「表現未満、」はあるかもしれないな。妻のあのこだわりも、母ちゃんのあの言動も、「表現未満、」ゆえのものなのかもしれないとか、あれやこれも、見方を変えれば妻らしさや母ちゃんらしさなのかもなあ、などと思えてくるから不思議だ。

ぼくはこう考えている。「表現未満、」とはメガネのようなものだと。それをかけると、「表現以上」の世界で「迷惑行為」とされたものがなぜか許容され、社会的な価値や意図や目的や成果から抜け出した本来の「その人らしさ」がじわじわと浮かび上がって見えてくる。蕗子さんがこうちゃんの水浴びを「飽くなき探究心」だといったことにも似ている。「表現以上」の領域からではなく、「表現未満、」つまりその人の本来の「らしさ」を見ようとする、そんなメガネ。

ぼくのメガネのピントはまだはっきりとはしていない。けれど、そういうメガネがあるんだということなら強く実感できた気がする。レッツに通い続けるなかで、メガネのおもしろがり方、そのかけ方が、よりくっきり見えてきたらいい。そのさきに「表現未満、」とはなにかの答えも見つかるかもしれない。ここに来て2日目である。まだまださきは長い。いまはそう感じられただけで、よしとしよう。

3

福祉と誤配

レッツを観光していて「こりゃあおもしろい」と思うことのひとつに、送迎の同行というのがある。利用者の家と施設を直線的に移動すれば2、30分の距離なのだが、複数の利用者の自宅を回ったりしているうちに1時間超えのドライブになってしまう。この時間、話を聞くのにちょうどいいんだよな。だんだんと送迎が楽しみになっていた。

この日（5月30日）の運転手は高林さんだった。高林さんはレッツ6年目。もともと建築やまちづくりなどに関わってきた方だ。大阪や神戸を中心に、地域で防災プログラムなどを提供する仕事をしていたのだが、そこで働くうち、もっと暮らしの中に入り込んで、ひとりのプレイヤーとして動きたいという思いが強くなり、それでレッツの門を叩いたという。レッツのスタッフは、高林さんのように福祉畑ではない人がとても多い。

高林さんはレッツの仕事について、「デザイン力が問われるところがおもしろい」と話していた。一般的に、障害のない人は、その施設や環境が自分にあわなくても、我慢しながら、なんとか工夫しながら使うことができる。うまくいっているように見えるけれど、客があわせてしまうから、ほんとうにデザインが機能しているかわかりにくい、ということのようだ。

ところが、レッツの利用者は環境にあわせることができない。心地よくないものは心地よくないし、心地よく感じられなければそこにいてくれない。使いにくいものは使いにくいから使ってはくれない。それがわかりやすいから、デザイナーは余計に力量を問われることになる。高林さんは「日々の暮らしの小さなところにデザイン思考を張りめぐらせなければいけないので、デザイナーにとっては働きがいがある職場だと思いますよ」と、にこやかに語ってくれた。

いっぽうで高林さんは、「ぼくのやり方が正しいというわけじゃなく、それぞれが異なる考えやアイデアで向かいあっていくことのほうが、じつはもっと大事なんだと思います」とも語っていた。つまり、こういうことだ。建築をやってきた人は建築の、アーティストだった人たちはアートの、音楽出身の人たちは音楽の、それぞれに異なるやり方で利用者に向きあうということ。でなければ、多様すぎるほど多様な利用者に向きあうことはできない。だれがだれとフィットするかわからないから、スタッフは多様なほうがいい。

ここに来るまえは、レッツにはなにかマニュアルめいたものがあると思っていた。しかしそうではなかった。あとで翠さんに確認したら「たしかにマニュアルみたいなものはありません。食事やトイレの介助すら、みんな独学というか、それぞれちがう方法かもしれない」といっていて、ぼくは驚いた。福祉施設ならではのマニュアルのようなものがあり、経験豊かなスタッフが福祉的な知見のうえに施設を運営していると思っていたのだ。高林さんや翠さんの話を聞いて、なるほどレッツの活動がカオスに見える理由がすこしわかった気がした。

素人が居場所になる

たけぶんの利用者にオガちゃんという男性がいる。高林さんからおもしろいエピソードを教えてもらったので紹介しよう。オガちゃんは、以前は入野にあるのヴぁ公を使っていたのだが、たけぶんが完成した2018年から連尺町に来るようになった。連尺町は商店街で刺激が多いので、オガちゃんは外出したくて仕方がない。スタッフがどうしたら施設で落ち着いてくれるだろうかと手を焼いていたころ、たけぶんの挨拶係を数カ月お願いしていたテンギョウ・クラさんという男性がオガちゃんに興味を持った。

テンギョウさんはアーティストで、介護職員ではない。ある日、テンギョウさんはオガちゃんをおもしろがって、オガちゃんを連れていっしょに外出したことがあった。残ったスタッフは「外に出たら絶対に帰ってこないだろうな」と思っていたのだが、テンギョウさんとオガちゃんはちゃんと帰ってきた。話はこれだけではなかった。テンギョウさんに話を聞いてみると、オガちゃんは散歩中ギターショップに立ち寄ったらしい。そして、財布の中に20円しかないのにアンプを買おうとしたそうだ。オガちゃんはぜったい欲しいと譲らない。仕方ないと割り切ったテンギョウさんは、その20円で買ってみたらどうだとレジに連れて行った。すると、当然20円では買えないので、店員さんから冷たく「これじゃ買えませんよ」と告げられる。ゴネるかと思ったけれど、オガちゃんはすんなり諦めることができたそうだ。同行していた見守りスタッフがどれほど説得しても諦めなかったアンプ。それを諦めさせたのはオガちゃんになんの接点もない店員さんだった。

このエピソードを話し終わった高林さんは、「店員さんは支援者じゃないから諦めやすかったのかもしれないですね。スタッフだったらこだわってしまったかもしれない。だから外の人たちの関わりが欠かせないんですよ」と最後につけ加えた。

親ですらどうにもならないこと。施設のスタッフですら対処の難しいこと。本人ですらどうにもならないことを、ふらっとやってきた旅人のテンギョウさんや、福祉の人ではない店員さんが、いとも簡単に飛び越えていってしまう。レッツは、そういう偶然性、エラーのようなできごとを呼び込むために徹底して外に開いている、ということかもしれない。

高林さんは、そんな「エラーが生み出す福祉」について、もうひとつエピソードを教えてくれた。カワちゃんという男性がいる。たけぶんに行くとだいたいカワちゃんが案内してくれるので、事情をよく知らない訪問者からするとカワちゃんは利用者ではなくスタッフのように見える。ぼくも訪問の初日にカワちゃんのお世話になった。お茶を出してくれたり、ほかの利用者さんとコミュニケーションをとったり、たしかにスタッフ然としている。

カワちゃんは自分でバスに乗って通所してくる。食事もトイレも特別な介助はなにひとつ必要ない。だからか、以前利用していた施設では、これもできるはずだ、あれもできるんじゃないかといろいろなことに挑戦した（ときに「させられた」）らしい。カワちゃんは期待にこたえるべくがんばろうとした。けれども、実際にはできないことや不得意なことも多くあり、途中で放り投げてしまったり、挫折して落ち込んでしまったり、ということが多くあったそうだ。

レッツにやってきて自分が活躍できる場所を見つけたカワちゃんは、重度の障害をもつたけちゃんのことを気にかけるようになった。落ち着きがないときは頭をなでなでしてあげたり、なにかと気にかけている様子だ。たけちゃんも、お母さんである翠さんの話を聞かないのに、不思議とカワちゃんのいうことは聞くということがあるそうだ。

高林さんは「カワちゃんにとっては、たけしくんが居場所になっているってことです」といっていた。カワちゃんがこうして自分らしくスタッフのようにいられるのは、そこにたけちゃんがいるからなのだ。同時に、たけちゃんにとってもカワちゃんは大事な居場所になっている。

オガちゃんがテンギョウさんとうまくいったように、店員さんがオガちゃんのこだわりを解きほぐしたように、カワちゃんがたけちゃんの居場所になり、たけちゃんもまたカワちゃんの大事

たけちゃん（左）とカワちゃん（右）

な存在になっているように、だれがフィットするか、だれが居場所になるかはわからない。そこには障害の有無もない。家族の関係ですらない。福祉施設のスタッフであるか、経験者かどうかも関係がない。だれかがだれかの居場所になれる。その事実が、とても強く心に響いた。

福祉は「誤配」される

だれが居場所になるかわからない。だれもがその可能性を持っている。

それは、とても希望的なことのように思えた。特別な福祉のスキルがなくても、専門的な知識がなくても、素人であるぼくたちも、家族や支援の枠組みを超えてだれかの居場所になれるかもしれないからだ。そしてぼくはこんなことを考えた。福祉は、根源的に、大切な居場所になるだれかがやってくるのを心待ちにしているのではないか。人間がむき出しになる重度の障害福祉だからこそ、まだ見ぬだれかに「誤配」されるのを待っているのではないかと。

「誤配」という言葉、多くの読者にとって聞き慣れない言葉かもしれない。思想家の東浩紀さんが提唱する概念だ。『ゲンロン0 観光客の哲学』（ゲンロン、2017年）という本にたびたび登場する。思想家が提唱する概念だけに、その言葉ひとつだけで複数の書籍が書けてしまうような言葉だが、あえてぼくなりに解釈すれば、本来届けようと思っていなかった人たちにまちがってメッセージが届いてしまい、それが予期せぬ配達だったがゆえに、そこに新しい解釈や意味が生まれ、問題を解決に導くヒントになる可能性を持ってしまう、というようなことだと解釈している。

東さんは「誤配」には「ふまじめさ」が必要だという。ふまじめであるがゆえに、まじめではない人、当事者だと見なされていない人、専門外の人たちに届いてしまうというわけだ。課題なんてよくわからない、関係がない、その業界の人ではない、そんな人たちに届いてしまうからこそ、硬直してしまった世界に新風を吹き込むことができるのかもしれない。ぼくはこの本に大きな影響を受け、震災復興にも「誤配」が必要だと考えた。それは、2018年に出版された『新復興論』（ゲンロン）という本にまとめられている。

また東さんは、『哲学の誤配』（ゲンロン、2020年）という本の中で、こんなことも語っている。

人間のやることは、つねに予想外の効果を引き起こします。それに対してぼくたちは責任を取ろうとしなければいけないが、しかしその効果もまたつねに予想外のものだから、すべての責任を取ることはできない。そんな限界を表現しているのが「誤配」という言葉です。これは、ある種の無責任さ、軽薄さ、不真面目さの積極的な捉えなおしでもあります。（中略）無責任であるがゆえにコミュニケーションできるとか、無責任であるがゆえにコミットすることができる、といった「中途半端な実践」の価値を積極的に定義する必要があると考えました。

どうだろう。本来意図しないところにまちがって届いてしまった、ここに進もうと思っていたのにべつの進路に進んでしまった、みたいなこと、あなたにも覚えがないだろうか。福祉の専門家でも、当事者でも支援者でもないぼくが障害福祉に関わり、なんのバックグラウンドもないのに、こうして本を書いている。それだって「誤配」の賜物だ。福祉の世界では、あなただってだれかの居場所になってしまうという可能性を秘めている。だからこうして「いまは当事者ではないだれか」に当事者性の種を蒔いてしまうのだ。その種がなにを実らせるかはわからない。実らないかもしれない。けれど、まだ見ぬ誰かに「誤配」されるのを待っている。

そうなのだ。ぼくたちは生まれながらにしてだれかの居場所になってしまう可能性を持っている。いいかえれば、居場所を求めるだれかの声を無意識に受信してしまう機械を生まれながらに埋め込まれている、ということかもしれない。なにがその受信機のスイッチの感度を高めるのかもわからない。科学的に説明しろといっても難しい。けれど、ぼくたちはなぜかだれかの居場所になってしまう。いうなればその「誤配可能性」は、ぼくたちのような課題の外側にいる人間に、わずかばかりの当事者性を付与していく。

障害福祉なんて関係がないと思っている人もいるだろう。そんなものは施設の職員がやればいいと思っている人や、まちの中でそれらしい人を見かけても、どうしていいかわからないという人も多いはずだ。ぼくだってプロの介護職員ではないし、たまたまレッツという法人の施設に遊びに来ただけにすぎない。ぼくたちはいつも障害福祉の外側にいる。

けれども、ショップの店員さんがオガちゃんのこだわりを解きほぐしたように、カワちゃんがたけちゃんの居場所になったように、いつそうなるかはわからないけれど、福祉の外側にいるぼくたちも、家族という枠を超えて、だれかの生きにくさをちょっとだけ癒したり、困難を抱えた人の居場所になる可能性を有してしまっているのだ。つまり、福祉は「誤配」される。そしてその受信機を、ぼくたちは生まれながらに持ってしまっている。ぼくには、それが希望そのものであるように思えてならない。

4

マジックワードを超えて

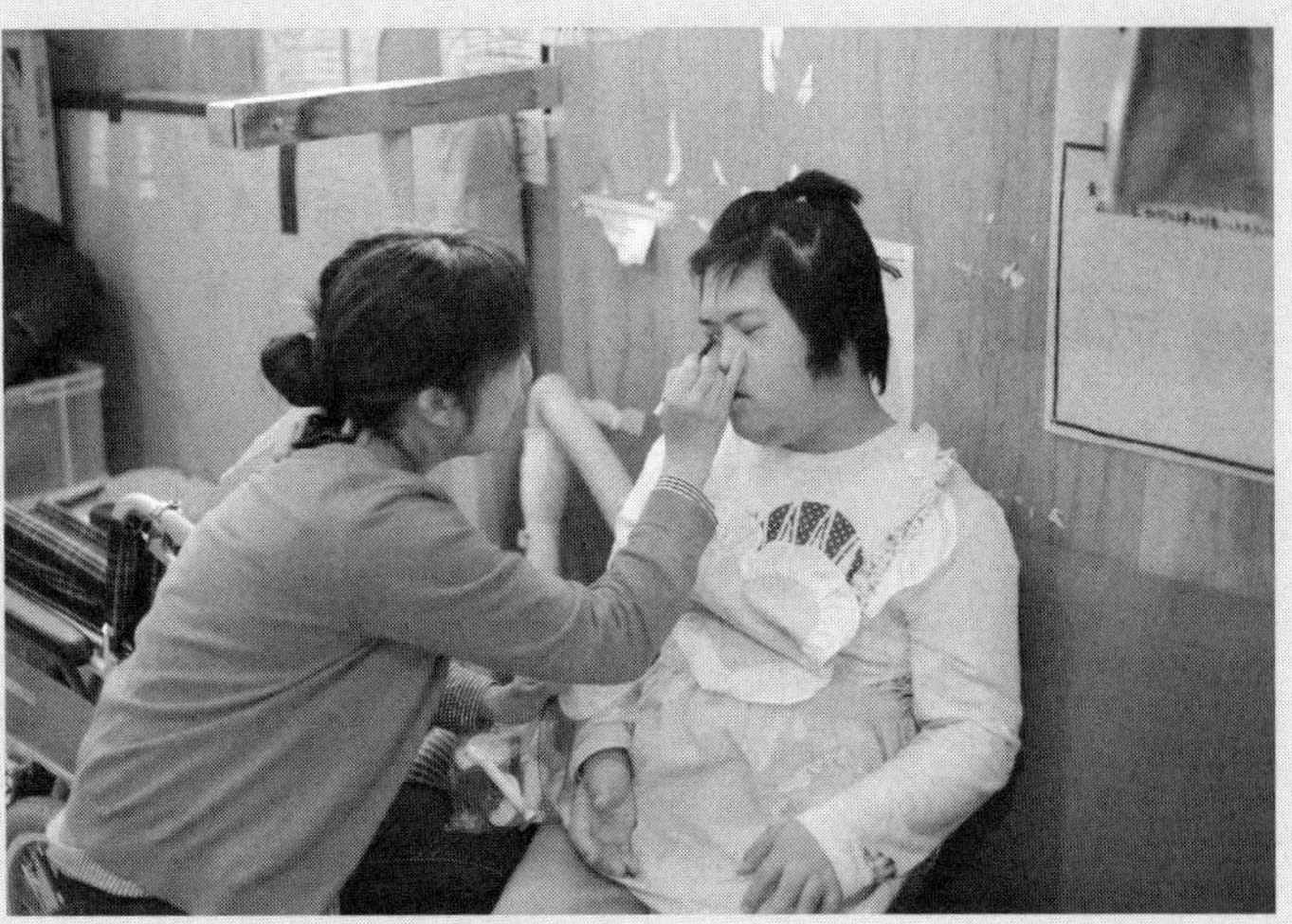

6月21日。レッツ訪問通算3日目。品川駅で新幹線のチケットを紛失した。東海道新幹線の改札前。カバンを探しても財布を探しても見つかりやしない。心の中でクッソ！　と叫びながら財布をもう一度探したら、なにかの会員カードの間に挟まれた特急券を見つけた！　しかし電車の時刻はとうに過ぎている。乗り過ごした切符は使えまい。特急券を買い直すために切符売り場に向かったら、「新幹線の指定席特急券は、当日であれば『自由席特急券』として使えますよ」とのこと。

まじか！　気力を回復したぼくは、急ぎ新幹線に乗り込み浜松へと向かった。なんたる救済措置。常磐線ひたち号ユーザーのぼくにはまったく知る由もない事実だ。ものをすぐになくす人は覚えておいていいかもしれない（豆知識）。

というわけで、この日は浜松に着くのがいつもより30分ほど遅れてしまった。たけぶんへ着くとすでに午後のまったりタイム。すこし仲よくなったカワちゃんや、シンガーソングライターの田村くんが「久しぶりですね！」と挨拶してくれた。ふつうにうれしい。月に1度しか来ないぼくをこんなふうに覚えてくれているとは。かすかな感動を覚えながら、こないだ知りあいになった人たちの肩を揉んだりして挨拶を交わした。

扉の外では、楽器マニアで知られるオガちゃんが、なにやらいい感じでキーボードを演奏していた。リズムやベース音が音にあわせて自動で変化するしくみになっており（いまのはこういうのがふつうなのか）、ロック風、ハウスミュージック風、レゲエ風と目まぐるしくリズムを変えながら演奏を続けていた。

ぼくも思わずご機嫌になり「いいねえ！」とオガちゃんに近づくと、オガちゃんもうれしそうに親指をぎゅっと突き上げて「いいねえ〜、ダンスうまいね〜！」といいながら立ち上がり、こちらに向かってきた。そして、握手をしたり、肩を叩きあったりのフィジカルコンタクトでお互いの感覚を確かめあった。オガちゃんは胸板も厚く肩幅もあってイカつい。ベースボールキャップもお似合いで、一見するとどこぞのラッパーのように見える。ぼくのほうがオガちゃんよりもすこし体が大きい。イカつい男たちがビルのまえで好き勝手に踊り、握手したりハグしあったりしていたら、かなり異様に見えるかもしれない。でもなーんか楽しいんだよなあ。

なぜオガちゃんは外で演奏しているのかとスタッフに聞くと、どうもいろいろあって部屋の中へ入るのが苦手なんだそうだ。だからいつもこうして玄関の外で楽器を弾いている。施設の中にいるスタッフからしたら、ほんとうは建物の中で楽器を弾いてもらったほうがいい。けれど、オガちゃんが外にいたければいていいよ。ただし周りにあんまり迷惑かけないようにねって感じで、見守りの距離感が絶妙なのだ。スタッフが干渉するのは、音量がうるさくなったときにボリュームを下げるくらい。

ひとしきりオガちゃんとのセッションを楽しんだあと、スタッフのマッスルさんから「これから買い物に行くのでいっしょに行きませんか？」と誘ってもらった。近々、レッツから演歌歌手としてデビューする橋あきらさんのCDを包むためのラッピングの袋を買いに行くのだという。

え？　演歌歌手？　デビュー？　橋さん？　わけのわからないぼくは一瞬唖然としたのだが、そばの棚の上に置いてあったチラシを見て合点がいった。たしかに「橋あきらデビュー」と書かれている。橋さんは、今年になってから利用がはじまった大型新人だ。マッスルさんが、利用者といっしょになって結成した「とびうお」というバンドのデビューアルバムを見た橋さんが「自分も演歌を歌ってCDをつくってみたい」といってきたのだそうだ。もともと音楽をやっていたマッスルさんが私物の機材を持ち込み、たけぶんの2階のスタジオを使って録音された。

レッツは、いつもこんなふうにひょいと企画を立ち上げる。その人の興味や関心、こだわりを「表現未満、」と捉え、それを披露したり鑑賞したりするイベントを続々と立ち上げてしまうのだ。

キーボードを演奏するオガちゃん。愛すべきマイメン

月に1回しか訪問していないぼくはフォローしきれないけれど、それこそ毎週のようになにかしらのイベントが企画されている。おそるべしレッツ！

送迎車に乗り込む。買い物に行くのは、橋さん、田村くん、こっちゃんとケンゴくんだ。田村くんとこっちゃん、ケンゴくんの3人は仲がいい。手をつないで、歌を歌いながら駐車場へと向かう。まえに来たとき、こっちゃんはどうにもこうにも情緒不安定で、泣いたり怒ったりしていてあまり目もあわせてくれなかったのに、今日は脇腹を小突かれたり、ニコニコしながらちょっかいを出されたりした。この日は仲間たちが脇を固めてくれたことで安心していたのかもしれない。ドライブは楽しかった。やっぱりみんな、なんだかんだいって外に出るのは楽しいんだな。いやあ、すばらしい気分転換だ。上機嫌なぼくたちは、車の中で歌を歌ったりちょっかい出しあったり、買うものを確認したりしながら店へと向かった。

パッケージショップではCDを入れる透明な袋を、家電量販店ではCD-Rをそれぞれ買った。ひとりで買い物に行ったらせいぜい20分くらいで済むだろう。けれど、今日のメンバーだと倍はかかってしまう。家電量販店の入口では、フィットネスの機械でひとしきり遊んだ。みんなでゲラゲラと笑った。こりゃあ店に怒られるだろ、と思ったけれど、店員さんは遠くから見守るだけ

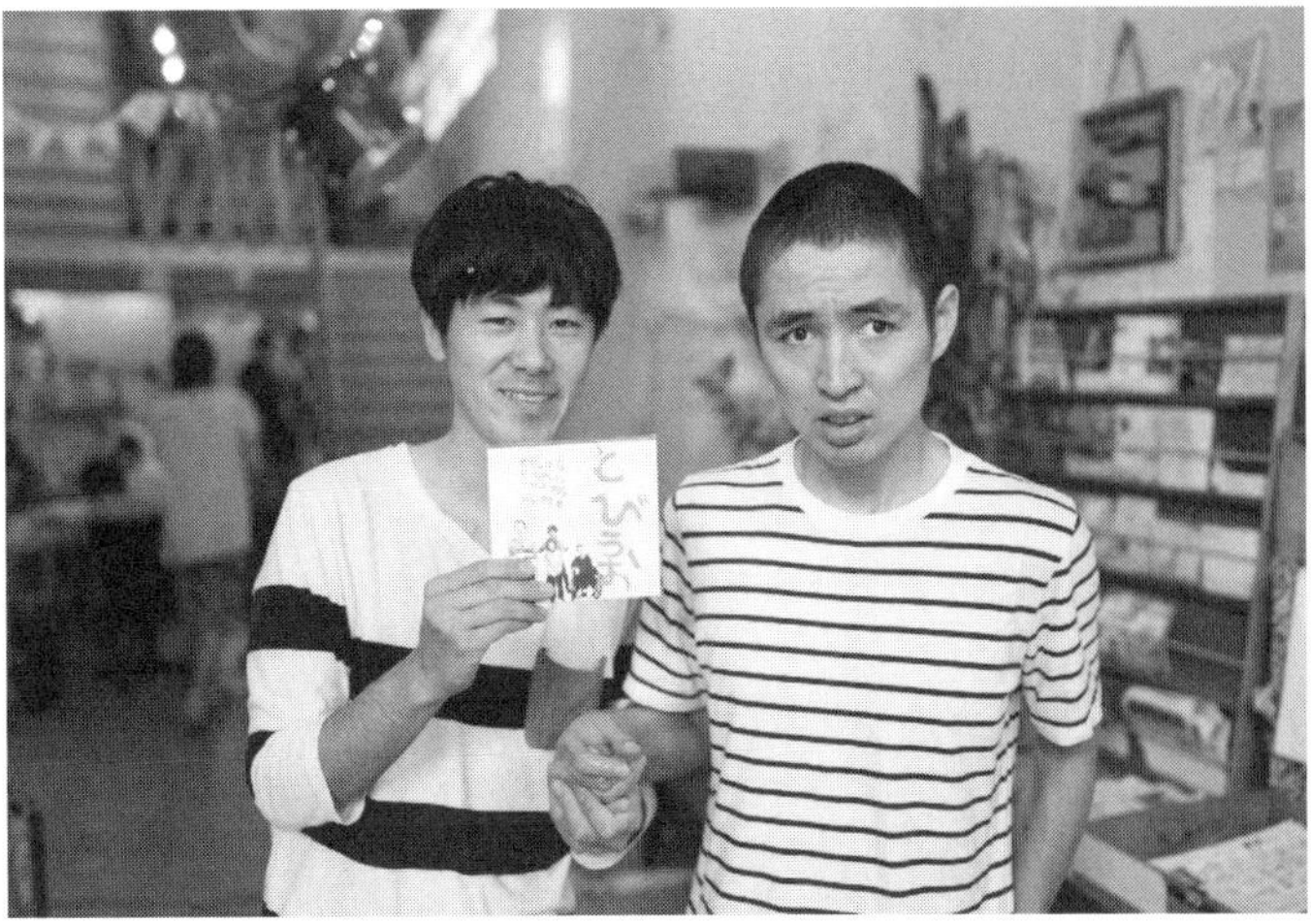

ミュージックバンド「とびうお」のマッスルさん（左）とリョウガくん（右）

で怒るという感じでもない。マッスルさんはいう。「みんながこうして外に出てきてくれることで、社会がどこまでみんなを受け入れてくれるのか、どこまでやったら怒られちゃうのかがわかるというか。彼らは行く先々でトラブルを起こすんですが、それによって社会の側に波が立っていくのがおもしろいというか、意味があるんじゃないかと思うんですよ」と。

ぼくたちの社会は、知らず知らずのうちに「普通」とか「健常」という細胞膜のようなものに包み込まれている。そこに暮らす大多数の人たちは、その中でうまく生存できる。けれども彼らは、その細胞壁にぶつかってしまう。居心地が悪ければ居心地が悪そうにするし、興味があれば興味を隠すことができない。行きたいところに行きたい。ときどきそうして細胞膜を突き破ろうとしてしまうのだ。彼らに細胞膜を突き破られると、多くの場合トラブルになる。けれど、トラブルにならなければ、ぼくたちは彼らのような存在があることも、ぼくたちの社会に膜があることも知ることができない。トラブルになって衝突が起きてはじめて、ぼくたちは、彼らの存在を知り、ぼくたちが無意識につくっている「普通」や「健常」という膜が彼らの障壁になっていることに気づくことができる。そう、ぼくは解釈した。

2軒目の買い物が終わり、ガソリンを入れるためにスタンドに寄ってみると、「お客さん、後輪パンクしてますよ！」とのこと。その場でタイヤを交換するハメになった。交換の作業時間はおおよそ30分。5人して待合室の椅子を占拠して、またふざけあった。店員さんはずっとニコニコしていた。その店員さんは、いかにも外国人という顔をしていた。名札を見ると、日本のふつうの苗字だ。レジの脇にはスタッフのリストが掲示されていて、その店員さんの名前とともに「ポルトガル語を話せます」と書いてあった。ブラジルから来たのだろうか。浜松だから、どこぞの部品工場とかで仕事をしているのだろうか。いろいろな人が「ただ、そこにいる」店内は絶妙に気持ちがよかった。巷ではこれを「ソーシャルインクルージョン」とかいうのだろうか。

無事に新しいタイヤを手にしたぼくたちは、意気揚々と3軒目の100円ショップへ向かい、そこでいくつかの買い物をしてたけぶんへと戻った。車を駐車場に止めると、こっちゃんと田村くんとケンゴくんは、また3人して手をつなぎ、歌を歌いながら歩いていく。ぼくはその後ろをついていく。梅雨の合間の、すごく天気のいい日の午後だった。

個人にたどり着けない言葉

その日の夜、ぼくはストロング酎ハイを飲みながら、ぼんやりと「知的障害」という言葉を思い浮かべていた。なぜなら、レッツに来てからというもの、その言葉の意味が、よくわからないものになっていたからだ。

こんなぼくでも「知的障害」という言葉の辞書的な意味はだいたい知っている。けれど、今日一日、みんなと買い物に行ったり、ふざけあったりしたとき、ぼくはその「知的障害」という言葉をいっさい思い浮かべなかった。完全に忘れていたし意識することもほとんどなかった。

考えてみれば、「知的障害」という言葉は、彼らを支援したり障害年金を支給したり、彼らの困難のレベルを等級化したりするときには役立てられるかもしれないけど、福祉のプロではないぼくにとっては関係のない言葉だったし、彼らの「本来」を伝えるのにはほとんど役に立たない言葉だとわかった。だって「知的障害者」という言葉じゃ、まったく彼らを説明できないもの。

いやむしろ、「知的障害」という言葉は、彼らを理解することから遠ざかる言葉ではないかとすら思った。たしかに「知的障害」や「発達障害」や「精神障害」という言葉が、そういう障害で大変な思いをしている当事者やその家族の存在を明らかにしてくれる。けれど、そのカテゴライズが、かえってその人たちの本来の姿をぼやかしてしまうことも多いのではないだろうか。そして、健常者の側に「私たちとはちょっとちがう人たち」という意識をつくり出し、わからない、なんだか怖い、というイメージを固定化させてしまう。広く理解を進めたり配慮を求めたりするために必要な言葉なのだが、さらにそのさきへ理解を進めるときにはむしろ障害になってしまう。そんな言葉かもしれない。そういう言葉は、ほかにもありそうだ。

みんなで手をつないで歩いた

ふと思い出したのは「認知症」という言葉だった。認知症という言葉を聞くと、「記憶がなくなってしまう」とか「ひとりではなにもできなくなる」という状態をすぐにイメージしてしまうけれど、そういう状態は認知症の「最終段階」であって、ほとんどの人は認知症と診断されても初期の段階があり、記憶はまだまだしっかりしていて、とうぜん話もできるし意思表示もする。買い物だってもちろんできる。

以前、ぼくが編集メンバーを務める『いごく』というメディアで認知症をとりあげたことがある。自らが若年性認知症の当事者で、認知症の人たちの支援活動をしている丹野智文《たんのともふみ》さんという男性を取材した。その取材で、丹野さんはこんなことをいっていた。

認知症の当事者の人たち、ほとんどは自分で喋ることができます。みんな「喋れない」って言うけど、それって、喋らせない、喋る環境を作ってあげてないだけなんじゃないですかね。メディアで語られる認知症って「重度」のことばかりだから、みなさん重度になった時のことばかり考えて行動を制御しちゃうんです。病院で認知症という診断が出た途端、重度の認知症を想像して手助けしちゃったり、事故が起きたらどうしよう、何かトラブルが起きたら大変とか、すぐに介護の問題にしてしまう。（中略）認知症って周囲によって作られるものかもしれないって思ってるんです。*1

目のまえの人の症状や特性はさまざまなのに、認知症と聞くと、ぼくらが勝手に思い描いている認知症のイメージにあてはめてしまう。「知的障害」もおなじかもしれない。その人の個性や特徴、歴史や思い出、性格だっていろいろあるのに、それらをすっ飛ばして、ぼくらの頭の中にあるイメージ上の「知的障害」にあてはめてしまうのだ。

こうして何日か肌身で彼らとつきあい、買い物に行き、いっしょに歌を歌ったりしてみると、そこで見つかったのは個人でしかなかったし、なんというか、もう「知りあい」とか「友だち」とか呼んじゃってもいいのではないかと思った。こんなふうに気楽に考えられるのも、ぼくがレッツのスタッフでもなければ介護や福祉のプロでもない、気楽な立場だからだろう。彼らの家族は「当事者家族」だし、レッツのスタッフは「支援者」の立場だ。いっぽう、ぼくは研究者や専門家ではない。しかしだからこそ、細かいことを気にする必要なく、彼らと友だちになれてしまうのかもしれない。

マジックワードを超えて

ここでもうひとつ考えておきたいのは、「障害者」という大きな主語のことだ。認知症とか、精神障害とか発達障害とかいう言葉を聞くと、「ああ、あれね」とわかったつもりになれてしまう。けれど、ほんとうは、そこに無限のグラデーションがある。あたりまえのことだけれど、人はそれぞれ異なる存在だ。置かれている状況だって人それぞれだろう。思えば福島県の沿岸部に暮らすぼくたちも「被災者」と呼ばれてきた。被災者といってもひとりひとり置かれている状況は異なる。選択も、その選択に至るプロセスもまるでちがう。それなのに、メディアはぼくたちに被災者という立場を押しつけていく。もちろん、それで得られる支援もある。多くの人に助けてもらったし、とても感謝している。けれど、その「被災者」という言葉では、個人個人の置かれている状況をほとんど理解することはできない。むしろそのレッテルが思考の邪魔をしてしまう。福島でこんなことが起きている！　浜通り地域の状況はこうだ！　そうして大きな主語ばかりが肥大化し、外側のイメージと内側の実情に差が生まれる。ぼくたちは、そのギャップに苦しめられた。

震災後、東京や県外のイベントに行って「福島から来ました」というと、「それはそれは……

ほんとうに大変でしたね。なんと言葉をかけていいか……」みたいな神妙な表情をされることがよくあった。実際はちょっとちがった。震災のつぎの日には家族で缶ビールを飲みながら缶詰グルメを楽しんでいたし、そういう状況ならそういう状況で楽しいことは案外あった。だから「大したことないですよ」といいたいところなのだけれど、目のまえの人がせっかく優しい言葉をかけてくれているのだからと、神妙な面持ちで「はい、ふるさとが大変なことになってしまいました」とかいってしまう。まあ、実際に大変っちゃあ大変だったけど。

障害者とされる人や、障害者とされる人の家族も、ぼくたちとおなじような絶妙な居心地の悪さを感じてきたのだろう。だとすれば、やはり「被災者」と一括りに呼ばれたぼくたちは、「障害者」と呼ばれる彼らと連帯、というと大げさだけれど、いろいろなことに共感しあえる関係を築けるような気がしているし、ぼくたちは、「障害者」と「健常者」のあいだをつなぐような存在になれるのではないか、とも思っている。

こんなふうに、ぼくたちは、「被災者」とか「障害者」とか「認知症」とか「引きこもり」とか、いろいろな言葉を発明する。物事を俯瞰して理解するための言葉は必要だ。けれど、それらは、つぎの理解にさらなる一歩を進めるための言葉であって、わかったつもりで思考停止するための言葉ではないはずだ。

では、それらの言葉を「つぎの理解に進める」ためには、なにが必要なんだろう。

ぼくは、やはり体験だと思う。それら「わかったつもりになれる言葉」は、体験を通じてはじめて「つぎの理解に進むための言葉」になる。逆に、体験が伴わなければ「マジックワード」止まりだ。そこには偏見が生まれてしまう。だけれども、その体験は、「家族」や「支援者」を追体験する類のものでないほうがいいな、とぼくは考えている。多くの場合、外部の人たちは、当事者性や専門性、家族のコミュニティに引き込まれてしまうからだ。そういう感じではなくて、あくまで部外者として、「なんも知らないうちに友だちになっちまったぜ」みたいな体験であって欲しいな思っている。必要なのは、ヨソモノとして気楽に関われるような「ふまじめな体験」だ。

それは、いいかえれば「観光」である。現地の人ほどその土地に縛られているわけでも、まったくの部外者というわけでもない。地元のルールに縛られずに、ふまじめにその土地を楽しんでしまう「観光客」として体験するのだ。だからこそ、マジックワードや大きな主語を超え、意図しないうちに個人に近づいてしまい、彼らの居場所をつくる可能性を持ってしまう。家族や専門職の人たちとはべつの道で、まちがって、東浩紀さんの言葉を借りれば「誤配」が起こるように、観光客はその人自身にたどり着いてしまうのだ。おおお、観光か！　ぼくだって、いままさにレッツを観光してるじゃないか！

ストロ〜ングなアルコ〜ルを飲んでいるからか、頭の中で繰り広げられている議論の突破口が見えてきた気がしてすごく気分がよかった。そして、ああだこうだと考えているうちに、350ミリリットル缶のストロング酎ハイが2本なくなり、さっきまで冴え渡っていたぼくの思考は次第に散漫になっていった。

ぼくは酔っ払いながら、昼間に行った家電量販店を思い出していた。みんなでゲラゲラと大笑いしながら健康器具や運動マシンで遊んでいる。店員さんは、どう反応していいかわからないでいる。それなのにみんな、そんなことはおかまいなしだった。ぼくには、それがとても痛快で、しかしとても優しい空気をまとったものとして思い出された。こうして社会のあちこちに波をつくり、問いかけていく彼らがかっこいいとも思えた。家族や支援者、レッツのスタッフの苦労など知るよしもないぼくは、ほんとうに気楽なものだ。関係者のみなさんに怒られるかもしれないけれど、さあ明日はどんな波が見られるだろうかとワクワクしながら、ぼくは3本目のハイボール（濃いめ）に手をつけた。

＊1　「認知症は、周囲が作る病気かもしれない　仙台市　丹野智文さん」『いごく』
https://igoku.jp/hito-4065/

5

親亡きあとの福祉

6月22日。レッツ観光は通算4日目に入った。土曜日のたけぶんには、9時ごろからまったりと利用者が集まりはじめる。とくにやるべき業務があるとか、取り組むべきカリキュラムがあるとか、そういうわけでもなく、それぞれがいたいようにいる、それは変わりない。それでも、送迎車が到着すると、そのたびにすこしずつフロアは賑やかになり、10時すぎともなると2階から派手にドラムを叩く音が聞こえてきた。7月に行われる「玄関ライブ」の練習だそうだ。静かな朝から、だんだんとレッツらしく音が増えてくる。それがなんだか心地いい。

この日は、翠さんの講演を聞きに行く予定になっていた。レッツのことについてはなんとなく知ったつもりになっていたので、ここいらで翠さんのまとまった話を聞くのはいいタイミングだと思っていたし、この日の講演は、障害のある子どもを持つ親がメインターゲットの講演と聞いていた。一般の人たちではなく、障害の当事者や家族がやってくる会場で翠さんがどんな話をするのか、とても気になった。

浜松から静岡市へ向かう車中、いろいろな話をした。ぼくが車を運転していたのでメモをとるわけにもいかず、記憶だけが頼りなのだが、翠さんとは「障害を持つ子と親」の関係についてひとしきり話をした。ちょうど、神奈川県川崎市で51歳の男性が小学校の児童を殺傷した通り魔事件が起きて報道が過熱していたころだ。男性は「引きこもり」とカテゴライズされ、「引きこもり」に関係する議論も過熱していた。次第に親の責任を問う声が大きくなり、その事件が引き金となって、別の日には元農林水産省の事務次官の76歳の父親が、引きこもり状態にあった44歳の長男を刺殺するという事件も起きていた。この父親は、通り魔事件の容疑者が「引きこもり」とされているることを知り、似た状態にあった息子もだれかに危害を与えるのではないかと不安に思い、我が子に手をかけたと報じられていた。

死ぬならひとりで死ね。子どもの始末を親がつけるのは当然だ。個人が取れない責任は家族が取るほかない。そんな空気が社会に充満していた。行政や地域社会で支えるのではなく、個人と家族に責任を取らせようとする「自己責任」の空気は、やがて障害者にまで広がってくるのだろうか。いや、そういう空気ならすでにある。障害のある人間の面倒は親が見るべきだ。なにかあったら親が責任を取れ。税金を無駄遣いするな。役立たずが。そんな思想が暴走して、あの津久井やまゆり園の事件は引き起こされている。

翠さんは、障害のある子を持つ親にだって人権があるはずだといった。あたりまえのことだと思う。けれどその考えは広く受け入れられてはいない。とくに母親の人権は、子どもに障害があろうとなかろうと大きく傷つけられているのが現状だ。母親は、子育てのためにいろいろなものを諦めなくてはならず、世間は、むしろ母親がいろいろなことを諦めることこそ「母の愛」だと思っているところがある。そういう社会では、母親は外に助けを求められず孤立してしまう。そして「自分が死んだら障害のある子はどうするんだ」と心配に心配を重ね、子どものために先回りして準備してしまうようになる。その結果、家族の負担が増え、子どもは親抜きでは生きていけなくなり、親亡きあと、残された子どもがほんとうになにもできなくなってしまう。個々の自立に必要なのは「親離れ／子離れ」。親ではないところに依存先を見つけることなのではないか。翠さんが話してくれたのは、そんなことだった。

それからもうひとつ。車の中で「障害の語りにくさ」についても話をした。「なんか、障害のある子どもの話をしていると、だんだん話が重くなっちゃいませんか？　もっと気軽に話したいのに、すごくまじめな話に感じられちゃうんですよ」と翠さんがボヤいた。

福島もおなじですよ、とぼくは返した。原発事故の話題も話しにくい。小難しい話だと思われてしまうし、まあ実際に大変な事故だったので「むちゃくちゃ大変な土地」というイメージを持たれている。汚染のイメージも強いし、放射線のことが絡むから、語るためには知識が必要なのではないかと思っている人も多い。なんとなく「腫れもの」になってしまっているという感じだろうか。支援する人のたちの中でも意見はちがうし、いっぽうで差別的な言説も残る。そしてその外側には圧倒的な無関心が広がってしまってもいる。個人の困難さだけでなく、社会が持っているイメージのほうにも大きな課題があるところも「福島」と「障害」で共通している。

翠さんの話、よくわかるなあ、と共感できたのは、ぼくが原発事故を経験し、いまなお福島に暮らしているからだろう。原発事故とは障害のようなものだとぼくは思う。だからきっと、障害のある人たちやその家族とおなじような「イメージの課題」を共有できるのだ。翠さんと話をしていて、そんなことを再確認した。

彼らの行為を表現と呼べなければ表現などない

静岡市の会場に着くと、人でごった返していた。翠さんは満員の会場で話をはじめる。レッツの立ち上げの経緯、事業に込めた思い。深刻にならないよう努めて明るく話しながら、時折熱を込めて語っていた。以下に、ぼくがメモしたものから、とくに印象深かったところを抜粋して紹介する。

息子の壮は、生まれてしばらく経ってから、ずっと入れ物に石を入れてカラカラ鳴らしています。中学校まで特別支援学校で過ごしましたが、それは「問題行動」といわれてしまいました。がんばっていろいろなトレーニングもしました。でも、かなり重度なのでトイレにも行けない、ご飯もひとりでは食べられないし言葉も話せない。いくら訓練してもなにひとつ達成できないんです。

でも、入れ物に石を入れて鳴らす行為は続けてしまうんです。次第に、その行為こそ彼本人なのではないか、問題行動だといってしまったら、それを奪ってしまうことになるのではないかと思うようになりました。では、問題行為だと感じているのはだれなんだろう。少なくとも彼本人ではない。だったら、彼がやりたいことをやりたいだけできる。だれも迷惑だといわない。そんな、「たけし基準」の場をつくろうと思いました。

レッツには、健常者なら5秒で下れる階段を20分も30分もかけて下る人がいます。この人の中に、ものすごく豊かな時間が流れていると感じます。手すりをさわったり、一歩ずつゆっくりで、行ったり来たり、ものすごく時間がかかる。けれど、そんな彼といっしょに歩こうというワークショップをやって歩いたら、「めちゃくちゃ価値観を揺さぶられた」って話をする参加者がいました。彼らは存在するだけでだれかを揺さぶることができる。建物から出て道を歩くだけなのに、いろいろな人を変えていける。それが彼らの仕事なんだと思います。

だから、レッツでは、利用者がどんどんまちに遊びに行きます。まちの中に行かないと社会は変わりません。問題が起きないと社会は変わろうとしないんです。健常者とはちがう目線や感じ方を持っている彼らがまちに出ることで、波が立つようにあちこちに問題が起きる。それによっていろいろな人が考えたり、見え方を変えたりする。だから問題を起こすのが彼らの仕事です。

彼らのこだわりや行動がなんの役に立っているのかといわれれば、立たないですよ。けれど、どうしてもやってしまう水遊びや、階段を下りること、石を箱に入れてカチカチ鳴らすことを表現だと思わねば、表現なんてないのとおなじです。その人となりを表すものが表現であるはずです。自分を表す方法としての表現を大切にしていこう。そのことが、その人の存在を認めていくことになる。レッツは、そんな考えを大事にしています。

スタッフは27名いますが、ひとりも福祉出身の人がいません。アートを学んできた人、工場に勤務してきた人、音楽をやっている人、まちづくりをしてきた人、いろいろな人が来ます。そもそも資格なんてなくてもいいし、私たちの知らないところに、彼らと接してみたい、興味がある、彼らとの表現を楽しんでしまう、そういう人が大勢いるんだと気づかされました。だから、そういう人をこちらに引き込んでくることが大事だと思います。

犠牲になる「母親」

ほんとうに、社会に居場所がありませんでした。だから居場所が欲しくてレッツをつくったようなものかもしれません。母親って子どもによって大きく状況が変わってしまいます。私だって、もともとはまったく福祉と関係のない人間でした。芸大では環境デザインを専攻していました。けれど、壮の世話をすることで仕事を諦めなければなりませんでした。

母親って、障害のある子のために自分を犠牲にするのがあたりまえだと思われています。でも、母親にも家族にも、その人らしく人生を送る権利があるんじゃないかと思います。それなのに、日本の福祉は、家族が崩壊してはじめて福祉サービスが受けられるシステムになっています。母親は夢を諦め、自分を犠牲にしなければいけない。それが前提になっているんです。そこに母親の人権はありません。

そういう社会では、親の多くは私が面倒を見なければ、と思ってしまうし、私がいなくなったらこの子はどうするんだろう、と不安になってしまいます。けれど、それも親の都合なんです。重度の障害のある壮ですら、もう他人を動かしているわけですから。親が介入しすぎるとダメなのではないかと思います。

父は外で稼ぎ、母は家庭を守る。私ですら、そんな価値観を刷り込まれているんだと気づきま

講演する翠さん。「親亡きあと」の話が心を打った

した。障害のある子どもが生まれたからといって、だれも人生を変えなくていいような社会にしたいと思っています。障害のある子が生まれると、その子が中心になってしまうけれど、それはちがいます。個人の人生を尊重しなければなりません。私も、数年前からいろいろなことをヘルパーさんにお願いするようにしました。そうしたらみんながすこしずつ楽になる。自分の時間も以前よりは確保できるようになりました。もっと早く利用しておけばよかったのかもしれません。必要なのは親じゃないんです。もっと外を頼っていいのではないでしょうか。

支援者でも親でもなく

最近、息子が金髪にしたんです。もちろん本人ではできないので、寝てるあいだにスタッフがやったんです。もう大人だし、友人たちが「きっと壮には似合うはずだ」っていってるし、いいかなって思いました。壮だって信頼できる人たちからそういってもらったら、たぶん納得するんじゃないかって。

やってみたら、しばらく機嫌もよくてすごく安定していました。金髪にしたことで、スタッフも利用者も、外から来る人も、おもしろがってさわりにきてくれるし、以前よりもコミュニケーションを取ってくれる。それが本人にとって気持ちがよかったのかもしれません。思えば、壮ももう成人しているわけですから。母親にこまごまといわれるより、気の知れた友人たちのアドバイスのほうが、よほど気持ちがいいと思うんです。

壮が小さいとき、旅行に行きました。けれど、駐車場の石を拾って遊んでしまってそこから動けないんです。親は見張りをしなければいけない。壮の姉は、壮とはもう旅行に行きたくないという。それで、もう壮とは旅行に行けないと諦めていました。けれども彼が20歳のとき、みんなで2泊3日の旅行に行ったんです。みんなといってもスタッフが連れて行くんですけれど、壮を連れてアート展に参加したんです。

私は壮は絶対に夜は寝ない、と思っていました。けれど、見事になんの問題もなくみんなで元気に帰ってきたんです。ああ、親といっしょに行ったらダメなんだとそのときに思いました。だいたい20歳の男の子は親となんて旅行に行かないですよね。やっぱり友だちと行きたい。それが自然だと思います。

みなさんも、「親亡きあと」のことを考えると思います。自分が死んだらあの子はどうするんだと。けれど、子どもの人生は子どものものです。親にも家族にも人権があるんです。壮の人生は、壮と友人たちで考えればいい。壮だって、私とは行けないけどスタッフと旅をしました。親は離れていいんです。

そこで大事だな思うのは、彼らの友人をつくることです。福祉関係者ではなく友人です。親目線でも福祉目線でもなくて、友人として知りあい、仲よくなる。そういう友人こそ、彼らの人生をつくるんだと思います。だから、私たちもこれからは、友人、知りあいをつくるということを活動としてやっていくつもりです。具体的には、たけし文化センターの3階にゲストハウスをつくります。泊まりに来てもらって、彼らといっしょに過ごしてもらう。そんな場所をつくりたいんです。

もうすでに、レッツで「タイムトラベル100時間ツアー」というのも企画しています。レッツに来て、彼らとほぼ100時間を過ごしてもらうという企画ですが、けっこうたくさんの方に来てもらっています。「人生が変わった」という人もいます。参加者のいいところは、興味本位で来ていることです。福祉職ではない。親でもないんです。ふつうの友だちが大事なんです。

あうかどうかは会ってみないとわかりません。ちょっと無理という人がいるかもしれないし、楽しかったという人もいるはずです。けれど、出会う場所が日本にはありません。興味がない以前の問題です。だからまずは会う場所をつくる。そういうところから、親がすべてを諦めなくていい社会をつくっていけたらと思っています。

以上、翠さんの講演から引用してみた。要点をまとめると、こうなるかもしれない。障害があろうとなかろうと個を捉えること。そしてその個の表現を、対等な立場から尊重すること。そしてその個を社会にぶつけていくこと。翠さんの思想は個を閉じ込めない。つねに外に外に、社会のほうに意識が向いている。

「問題行為」を、それこそ彼ら本人だ、おもしろいじゃないかと価値をひっくり返していくことは、とてもアート的だと思えた。実際、レッツがやっていることをアートとして評価する人たちも多いし、ぼくが体験していることも、まるでアートプロジェクトに参加しているような感じがしていた。彼らのその「問題行為」が、ぼくの社会を見る目を変えてしまうのだ。そういう希望が、親だけでも、支援者だけでも福祉職だけでも成立せず、その支援の外側にいる友人に広がっているというのがとても心地よい。ぼくは、福祉職でもない専門家でもないぼくになにができるだろうと、自分の関わりを卑下していた。ところが翠さんは「福祉職じゃないからこそ来て欲しい」といってくれている。心強い。

詳しいことは知らなくていい。専門職でなくていい。ただ興味本位で彼らと接してくれればいい。ぼくたちが素人としてソトモノ・ヨソモノとして関わる。彼らの存在をおもしろがってみる。とにかくいっしょに過ごしてみる。そういう「支援を外れた場」にこそ、家族でも支援者でもない第三の関係が見つかる。そして、そこで生まれた友人が、今度は親や支援者にいくばくかの余裕をもたらすことにもなる。そうならないかもしれない。やっぱ苦手だな、と思う人もいると思う。けれど、どうなるかわからないから、翠さんはいつだって扉を開く。

レッツへの扉は、もう大きく開けられている。だからぼくはそこから中に入り、思う存分楽しんで、そのおもしろさを外に伝えていこうと思った（その思いはこの本にもつながっている！）。そして、ああ、翠さんがレッツでやろうとしていることは、ぼくが原発事故後の福島でやってきたこととほとんどおなじではないか、と思った。

福島と障害

ぼくは、自著『新復興論』で、原発事故は「障害」だと書いた。原発事故によって土地や文化、暮らしが奪われる。それは多くの人たちにとって体や心の一部を奪われるようなものだ。回復可能な病気や怪我ではなく、元どおりにするのが困難な障害だと捉えたほうがいい。そんな自分を受け入れ、そこから新しい人生をはじめるしかない。だからぼくは復興は諦めよう、中退しようとその本に書いた。

このひとつまえの文章に書いたように、周囲からの負のイメージも、「福島」と「障害」は似ている。人を見ずにカテゴリーや記号で語ろうとしてしまう人が多いし、偏見もなくならないし、差別的な言説を浴びせかける人もいる。だからといって「なんともない」わけではなく、困難さは厳然と存在しているし、まだまだ再生の道半ばだ。けれども、その困難や障害が社会の中に提示された瞬間、優れたアート作品のように、それにふれた者を開眼させてしまうことがある。レッツの利用者がワークショップに参加した人たちの価値観を揺さぶってしまうという話は、原発事故の被災地が、物見遊山で訪れた観光客に哲学的な問いを与えてしまうのに似ている。

素人が関わりにくいことも似ているかもしれない。重い障害は本人と家族、そして支援者でなければ接点を持ちにくい。原発事故に関する話題もまた、そこに暮らす人や専門家以外は関わりにくくなっている。「当事者」とされる人だけが議論を続け、語ることの壁は高くなり、外にいる人たちの無関心が進む。翠さんは講演で「友人が大事だ」といった。被災地にも、支援者だけでなく友人が必要だと思う。

福島を楽しみ、味わい尽くし、その土地の歴史をふまじめに楽しむうち、震災や原発事故に接続してしまい、結果的に、その被害の大きさを知り、犠牲に対する慰霊や供養につながり、社会を見る目が変わったり、ライフスタイルを改めるきっかけをつかんでしまったり、復興のいまを知ることにつながってしまう。最初は興味本位や物見遊山だったのに、その人の人生を変えるようななにかを受け取ってしまう。そんな回路を、小さくてもぼくはつくろうとしてきた。

翠さんもおなじではないか。「表現未満、」だと認めて楽しんでしまう。不謹慎なまでにイベント化し、ともにまちを歩くことで、市民が彼らと接する機会をつくる。結果的に、障害のさきにある個性や個人に触れ、障害のある人たちへの理解が進んだり、彼らと友人になってしまったりする。最初は興味本位や物見遊山だったのに、人生を変えるようななにかを受け取ってしまう。そういう場を、翠さんたちもつくろうとしている。

だいたい、大きな困難にまともに向きあっていたら疲れ果ててしまう。行き着くさきは滅びしかない。そうならないように、楽しさやおもしろさ、社会や他者を揺さぶるなにかを、空元気でもいいから伝えていこうとする。少なくともぼくはそうだし、翠さんも、もしかしたらそうかもしれない。

数時間前、高速道路を走っているとき、「福祉業界の人からは、久保田はけしからんやつだって思われてると思いますよ」と自虐的に笑っていた翠さんを思い出した。翠さんは、ぼくとは比較にならないほどふまじめな方だと思った。困難の裏返しのふまじめさである。

6

支援を離れて生まれる余白

7月4日。レッツ観光5日目である。目下レッツでは「タイムトラベル100時間ツアー」というものを企画している。レッツの施設でとにかく100時間を過ごして、観光してもらおうというシンプルな企画だ。施設の日常を企画にしてしまうことにも驚かされるし、実際に観光してみると、いろいろと覚醒するできごとが毎日のように起きる(本書はそれを書いている)。レッツ観光、マジでやばいな、というのが正直な感想だ。

ぼくはここに来るとだいたい1泊2日、平均して6時間/日くらいずつ過ごす。今回が5日目なので、今回で30時間分の観光を終えた計算だ。えっ? まだ30時間? これをあと3セットは繰り返さないと100時間に到達しねえじゃん。100時間も過ごしたら、ぼくは人間がほとんど入れ替わったようになっちまうのではないか……。この本でここまで書いてきたことも、文字数にしてすでに3万字くらいになっている。考えていないことは書けないわけで、それだけ多くの思索をもたらしてくれる場所だというのはまちがいないだろう。今日はどんなワクワクがあるのだろう、どんなハプニングが起こるかなと、いつも楽しみに観光している。

さて、今回は5日目。ぼくのことを認識してくれている人たちが増えたのが率直にうれしい。入口で悶々としてたオガちゃんは、ぼくの顔を見てニコニコしてくれるし、カワちゃんも、「今日も来たの？」と楽しそうに声をかけてくれる。リョウガくんも、なんどもぼくをさわりに来てくれたし、客人として受け入れてもらっている気がするのだ。なんとなくだけれど、施設の人ではない人が来るのをみんな楽しみにしてくれている気配がある。長く施設にいたら、どうしたって「支援する人／される人」という関係が強くなってしまうはずだ。どこかで外の空気を欲しているのかもしれないし、風通しが必要だとわかっているから、レッツはいつも門戸を開いてくれているのかもしれない。ぼくは、この場所では気持ちよくヨソモノでいられる。ありがたいことだなあ。

この日は、打ち合わせの合間を縫ってただひたすらに文章を書いていた。ここにいると脳内が言葉で溢れてしまうのだ。ただそれは、まだ言葉の形になってはいない。いうなれば「言語未満」のゴチャゴチャっとした脳の蠢《うごめ》きというか。パソコンが処理に困ってガリガリいうような、なんのウインドウも開いていないのに、なにかを処理するのに時間を要している、そんな状態かもしれない。それでもキーボードを叩いてふさわしい言葉が出てくるのを待つ。レッツの取り組みを言語化するのであれば、やはりレッツに関わっている時間にしたいし、レッツにいることで、あらたな言葉が浮かんでくる。そんな特別な時間が流れている感じがするのだった。

そんなわけで、昼過ぎに到着したぼくは、だれかにちょっかいを出したりしながら、文章を書いたり、詩人のムラキングといっしょに短文をつくったり、まったりと過ごして夕方を迎えた。いやあ、今日は文章書いてるだけだったなあ、と振り返っていたころ、翠さんから「いい店があるんで、残ったスタッフとご飯食べに行きませんか?」と晩飯に誘っていただいた。スタッフのみなさんもいっしょだ。

支援をいかに離れるか

そこで酒を飲みながら話したのは、「支援をいかに離れるか」ということだった。ちょっと意外だった。彼らはみな、支援を生業としているはずの人たちである。その彼らが「支援を離れる」ことの重要性について語っているのだ。

翠さんはこんな話をしていた。「職員なのに、利用者さんのことが好きで好きでたまらないって感じの職員がいたんです。私から見ると、完全に支援じゃなくなってる。キャラとして好きになっちゃった感じでした。それって支援じゃなくて個人の興味じゃんって思ったけど、やりたい

日々の支援について話し合うレッツのみなさん

からやってるんだなと思えて、逆に清々しく思えたんです」。
スタッフの高林さんが続けた。「そうやって支援を超えていくことって、けっこうみんなが考えていることだと思いますよ。支援を超えることだから『超支援』みたいな？」。支援の現場にいる人たちが、支援の質を高めることだけではなく、支援を逸脱することも考えている。すごくおもしろいなあと思って、酒が進んだのだった。

飲み会でふと飛び出してきたこの「超支援」という言葉が、とても気になった。超支援とはなんだろう。すこしべつの話を迂回して考えてみる。

先日、ぼくの地元いわき市にある、とある地域密着型特別養護老人ホームを取材した。ぼくはそこの新人募集のパンフレットをつくる仕事を引き受け、若いスタッフに話を聞くことになっていたのだ。3年目くらいの若い女性のスタッフに、「仕事で大変なことってなんですか？」とありふれた質問をぶつけると、意外にもこんな答えが返ってきた。
「この施設では、昔炭鉱で働いていた人が多いんです。炭鉱の話をすると、喜んでくれるんですよ。でも私はちょっと歴史が苦手なんで、炭鉱の話って全然わからないんです。それが大変。地元のことをよく勉強しておかないといけないですね」

利用者さんとおしゃべりをして信頼関係をつくろうというとき、その地域の産業や、地域の歴史を知っておくことが助けになるという。たしかに、信頼関係が生まれれば日々の介助もスムーズになる。利用者にとっても、楽しいおしゃべりの時間はなにより自分らしくいられる充実した時間につながるだろう。介護士が地域史を学ぶことは、コミュニケーションを豊かにし、支援の質を高めてくれるわけだ。とてもおもしろい。

彼女の話を聞いて、もうひとつ思い出したことがある。以前ぼくが関わったいわき市の文化事業で、地域史のリサーチを担当していた江尻浩二郎さんという地域史研究家が話してくれたことだ。江尻さんがいうには、炭鉱のことを調べようと思っても、土地の古老はすでにこの世にいないか、いたとしても90歳近くになっていて、リサーチ自体が難しくなっているのだそうだ。江尻さんいわく、この数年が、炭鉱の歴史を調べて書き残すラストチャンスになるかもしれないと。

さきほどの老人ホームの女性スタッフは、うちの施設には元炭鉱夫が多いから炭鉱の歴史を知らないとダメだという。いっぽう、地域史の研究家は、元炭鉱夫は高齢化していて現地でのリサーチが難しいといっている。ふたつの話が、ぎゅっとつながる。

この老人ホームには元炭鉱夫が大勢いる。1箇所に集まっているわけだ。しかも、みなさん、自分の話をだれかにしたがっている。もしここに江尻さんがやってきたら、必要な情報を一挙に獲得できるじゃないか。江尻さんに「老人ホームに行ってみたらどうですか?」と提案すると、「ええ、そうなんです。行ってみたいんですよ」と答えが返ってきた。江尻さんも、老人ホームに狙いをつけていたようだ。地域史の研究家にとって老人ホームとは、「介護施設」ではなく「リサーチ拠点」になりうるということかもしれない。

江尻さんたち歴史研究家が施設に入ってきたら、介護施設は歴史や文化、暮らしの研究拠点に姿を変えるはずだ。江尻さんたちがスタッフに対する炭鉱史講座を開講してもいいだろう。トークゲストは利用者さんだ。その模様をアーカイブしてもいいし、地域の住民を呼んでのイベントにしてもいい。そうして歴史研究家、介護の従事者、地域の人たち、利用者さん、みんなが交わり、それぞれの価値を交換しあえたらすごくハッピーじゃないだろうか。江尻さんが利用者さんの話を聞くことは、支援であり、リサーチである。それはひとつの「超支援」といえるはずだ。

そこで参照したいのが、民俗学者であり、介護職員でもある六車由実《むぐるまゆみ》さんが提唱する「介護民俗学」だ。六車さんは静岡県のデイサービス「すまいるほーむ」で、民俗学的アプローチを取り入れた支援を試みている。六車さんの著書『介護民俗学という希望「すまいるほーむの物語」』(新潮文庫、2018年)には、終末期を迎えた利用者に料理にまつわる聞き取りをし、それをもとに調理した思い出の料理を食べてもらうというプログラムが紹介されている。地域の食文化をリサーチしながら、そのリサーチ結果をレクリエーションとして役立て、サービスとして提供してしまう。ものすごく魅力的なアプローチだと思った。これだってひとつの「超支援」であるだろう。

思えば、レッツの取り組みもおなじだった。レッツのスタッフには、建築やまちづくり、アートや音楽にふれてきた人が多い。重度の知的障害のある人たちを表現者と捉えて、いっしょにプログラムをつくったり演奏したりする。それも立派な「超支援」だし、そうしたプログラムが日々提供されているレッツの施設は、障害者福祉施設というよりもはや「文化施設」である。レッツが運営するふたつの場所の名前を思い出して欲しい。「たけし文化センター連尺町」と「のヴぁ公民館」である。両方ともすでに文化施設を名乗っているではないか。

六車さんの介護民俗学とレッツのアプローチには、いくつか共通点も見つかる。いったん支援を離れることで「支援する／される」の関係を外れること。介護という「相手のためにすること」からいったん離れて、私的な「自分のためにすること」や「興味のあること」などに置き換えること。そしてその結果、支援とはべつの道で、本人と豊かな時間をつくろうとすること。その成果のアウトプットのベクトルを「社会」に向けていること。

民俗学の研究対象にしてしまったり、歴史のリサーチ対象にしたり、アート作品や音楽作品の共演者・共作者にしてしまったり、あるいは思いきりおもしろがってしまったり、ファンになってしまったり、ふざけあったり友人になったり、愛してしまったり。そういうところに「超支援」が立ち現れるのかもしれない。

もうひとつ、べつの参照点も示してみたい。東浩紀さんの著書『テーマパーク化する地球』（ゲンロン、2019年）の終盤にある「運営と制作の一致、あるいは等価交換の外部について」という論考である。そこでは、これはぼくの解釈だけれど、対価に見合ったサービスを提供しあう等価交換ではなく、その交換を超える「贈与」や「余剰」に生まれる「誤配」について語られている。すこし引用してみよう。

その営みは完全に等価交換のなかにあるわけではない。なぜならば、ゲンロンのコンテンツは、実は商品であって、同時に商品でないからである。ゲンロンはコンテンツの提供にあたって、つねにそこに、等価交換以上の「なにか」を、すなわち、消費者が支払いのときに事前に欲望＝予測していたものとは異なる経験を忍び込ませるように試みている。（中略）これは、等価交換を意図的に「失敗」させるということでもある。消費者は、ゲンロンにおいては、商品を買うことで、少なからぬ確率で、最初に欲望＝予測していたものとはちがうなにかを受け取ってしまう。それは等価交換の失敗である。けれどもその失敗は、同時に、購入者の欲望＝予測が「変形」され、新たな創造性の回路が開かれるということでもある。ぼくはしばしばそれを「誤配」と呼んでいる。

ぼくには、「超支援」と「等価交換の外部」の話が、ほとんどおなじことをいっているのではないかと思えた。「障害福祉サービス」において、利用者とサービス事業者は対価によってつながっている。対価によってつながっているとき、多くの場合両者の関係は「支援する／される」を逸脱しない。逆に、「介護民俗学」やレッツの取り組みは、それを逸脱しようとする。逸脱して生まれた余剰のところで、なぜか素人が居場所になってしまったり、部外者がコミットしてしまったり、だれかの居場所になってしまったりする、つまり福祉の誤配が生まれる。そう解釈することはできないだろうか。

もちろん、障害福祉サービスを否定するつもりは毛頭ない。それによって多くの人たちの暮らしが支えられているのは紛れもない事実だ。ぼくがいいたいのは、それを逸脱し、超支援の領域をつくることで、ぼくのような部外者の関わりしろが生まれたり、歴史のリサーチが支援になってしまったりと、既存の支援がより豊かになるのではないか、ということだ。

支援を外れる「ふまじめ」さ

そう感じたぼくが、ここに書いたようなことをツイッターに投稿すると、なんと六車さん本人から直接リプライをいただいた。

「一旦『支援』から離れてひとりの人として向き合えるツールを持つことによって、福祉や介護の現場のありようがより豊かに、そして面白くなるんじゃないかと実感しています。そのツールは、アートでもいいし、民俗学でもいいし、文学でもいい」

支援から離れた道。それはさきほどから繰り返し書いているように、日常の支援を否定するものではなく、これまでの福祉や介護をより豊かにしてくれるものだと思う。そればかりか、支援のスキルがない人、福祉以外の知識を持った人、これまで偏見を持っていたかもしれない人、まちがって認識していた人、つまり福祉の「外部」の人たちに関わりしろをつくることにもつながる。

ぼくが暮らす福島県いわき市にあてはめれば、「復興支援から離れる」といえるかもしれない。復興に直接資するものでなくてもいい。うまい魚や酒を楽しみたい、あんな事故を起こした原発

ムラキングを「詩人」として捉えることもまた
「超支援」なのかもしれない

を直に見てみたい。不謹慎かもしれないけれど被災地をツアーしてまわりたい。復興とか関係なく、おもしろいことがしたい。そのような軽薄な動機を、ぼくたちは排除してはならない。楽しさの延長線上で、だれかが当事者性の種を受け取ってしまう可能性があるからだ。

ぼくは専門家でもなければ介護のプロでもない。完全なソトモノ・ヨソモノの素人だ。障害福祉のことなんて、ほとんどよくわからない。けれど、福祉や介護の知識はなくたって、人と会ったり人と接したりするのに資格や知識が必要なわけではない。こう見えてぼくだってもう40年も生きてきて、それなりに人には接してきたつもりだ。正しい関わり方を求めて一歩が踏み出せないでいるより、ひとりの人間として、正直に、目のまえの人に接してみることだ。

ぼくたちに必要なのは、支援を逸脱した環境で人と関わることができる場だ。素人が関わり、支援じゃないなにかで利用者さんとつながってしまう場。本来の役割や期待を超えた、等価交換の外側にはみ出てしまう場。そういうところに福祉の誤配は生まれる。ぼくは、その「誤配の種」をまちがって受け取ってしまったひとりだ。

7

オガちゃんの５００円

7月5日。レッツ観光6日目。オガちゃんは、爆音をかまして首都高を走っていた。いや、正しくは、浜松市中心部のゲーセンにあるレーシングゲームに座って首都高を走っていた。ぼくはそれを見守っている。イカつい男がふたり。だいぶ奇妙な光景だったかもしれない。

シフトレバーをガシガシ動かすオガちゃん。そうそう、ガシガシ動かしてカッコよく車を操縦したいよな。すげえわかる。でもな、オガちゃん、シフトを動かすの忘れて、二速のまま全然スピードが上がってねえじゃねえか。そういうときは、おれが手を伸ばしてそれとなく四速五速にしてやってんだかんな！

オガちゃんはそうとは知らず、いいねえ、すんごい速いねえ、なんつって終始上機嫌だった。なかなかどうしてハンドリングがうまい。首都高を爆走するオガ車は、危なげなくつぎつぎにチェックポイントを突破し、見事ステージをクリアしてしまった。ちょっと信じられなかった。ぼくは「オガちゃんすげえじゃん！」と彼の肩をなんども叩き、クリアを祝った。

満足げにカーレースを終えたオガちゃんと、ひとしきりゲーセンの中を歩く。古い音ゲーもあれば、UFOキャッチャーも最新のカードゲームもあった。ゲーセンに来たのはいつ以来だろう。こうしてまともにゲームをするのはもしかしたら20年ぶりくらいになるのかもしれない。100円玉をコントローラーのそばにいくつも重ねて「ストリートファイターII」に興じた日々をふと思い出した。

ぼくの感慨深さをよそに、オガちゃんのプレイは続く。オガちゃんは、ポケットにしまってある財布から100円玉を大事そうに取り出し、ガンシューティングのゲームをやった。オガちゃんがすごいのは、雑に操作しているように見えてなぜかギリギリでミッションをクリアしていくところだ。2回目にやったガンシューティングのゲームは、ほとんど筋書き無視だった。気合だけは十分だけど、操作は適当。それなのに、なぜかラスト3秒くらいで奇跡的に標的を倒していく。どうしてもできないところは、ぼくが「こうするんだオガちゃん」とサポートするのだが、最終的にはやっぱりオガちゃんが敵をなぎ倒していく。アーケードゲームってテクニックじゃなくて気合が大事だったんだな。そのあとでぼくも気合を入れてシューティングゲームをやったりしたので、ふたりが落ち着くころには、すっかりお昼前の時間になっていた。

そもそも、なぜぼくがゲーセンにいるのかといえば、スタッフの水越さんに「オガちゃんとしばらく散歩してきてください」と頼まれたからだ。

ぼくの心の中はワクワクでいっぱいになった。ぼくはまだここに来て6日目だ。福祉のプロじゃない。ぼくはある意味「客」だ。それなのに水越さん、さらっといってくれるじゃないか！

散歩の同行にあたって、水越さんからアドバイスを受けたことがある。オガちゃんの財布に500円が入っていること。ゲームに熱中するとトイレを忘れてしまうので、トイレに行かせること。オガちゃんはよく固まるので、どうしようもなくなったら事務所に電話すること。水越さんの指示はこのくらいだった。ほとんど不安はなかった。なぜかはわからない。なんとなく、これまでの数回の訪問でオガちゃんの人となりを多少は理解できたという自信があったからかもしれない。実際、オガちゃんはふつうにぼくとゲームを楽しみ、ぼくの話にも反応を示してくれた。いやあ、すごく楽しかった。久しぶりだよ、こんな楽しい散歩は。

ところが、話がそう簡単に終わるはずがなかった。

オガちゃん、固まる

いい時間になったので、オガちゃんに「たけぶんへ戻ろう」と誘ったときのことだ。オガちゃんが動かなくなった。一向にその場から離れようとしないのだ。なにもしゃべらない。物憂げな表情で遠くを見つめたり、ゲームのコントローラーをいじったりして、すっかりテンションが下がりきっている。これか、「固まる」というのは！　そこでぼくは、買い物に行こうぜ、子どもにお土産を買うから、それを手伝って欲しいんだ、べつの店に行こうとオガちゃんを誘ってみた。「べつの店」というのがオガちゃんに響いたのか、「いいねえ、行くぅ？」とか乗ってきた。よし。それでいいぞ、オガちゃん！

オガちゃんが「お土産ならいい店知ってるで？」といわんばかりのドヤ顔で連れて行ってくれた店は、「ザザシティ」というデパートに入っているべつのゲーセンだった。クッソー。完全に振り出しである。オガちゃんが一枚上手だ。

とりあえず、またさっきみたいにゲーセンの中を2周くらいしてみた。オガちゃんは、やはりカーレースのゲームをやりたそうにしている。「やっちゃう？」と誘ってくるので、好きなだけやりゃあいいぜと、ちょっと一時代前のゲーム機に誘い、そこでワンレースした。

音楽にあわせて体を揺らし、爆走するオガちゃん。最高だ。これほどノリノリでアーケードゲームができる人をぼくは見たことがない。画面上の車は、なんども壁にぶつかりながら猛スピードでゴールを目指していく。カーブは曲がりきれない。わけのわからないところで失速する。ジャンプすれば歓声があがり、長い直線はだれよりも速くぶち抜いていく。それはまるでオガちゃんそのものであった。
ゴールすると、ゆっくりと車が止まり、カメラが旋回するようにしてその勇姿を映し出した。ぼくは肩を叩きながら「すげえなオガちゃん、クリアしたぞ！」と歓喜の声をあげた。いやあ、なんだこのわけのわからない謎の感動は！

さあ、そろそろたけぶんに帰って昼飯のころあいだ。オガちゃんも満足しただろう。お昼だ。水越さんとも約束しただろう、帰ろう。そう声をかけると、さっきまで調子に乗っていたオガちゃんは、また一瞬で固まってしまった。まるで巨岩である。
オガちゃん、さっき、水越さんと約束したぞ？　リケンさんが帰ろうっていったら帰るのが条件だったはずだ。お昼ご飯も食わないといけない。帰ろう。帰ってユーチューブでも見ようぜ。な、おれとおまえは友だちじゃないか。友だちなら困ってる友人を助けるもんだろう。さあ帰ろう。みんな心配してるよ？

20分は説得した気がする。ぼくは、なにかとても理不尽なものに包まれていた。なんだろう、身に覚えがある。ああ、うちの娘だ。娘は眠たくなると不機嫌になる。大声で泣き喚く。意味のわからない理屈を通そうとする。自分の要求が通らないことに怒る。こちらが平身低頭してお願いしても、多少強引に連れて行こうとしても、結局どちらにしても泣く。こういうときの最終兵器として「アイス買ってあげるから」があるのだが、それが通用しない場合は万事休する。それで、ぼくは過去に娘を怒鳴ってしまったことがなんどかある。娘は悲しい絵本を10冊くらいまとめ読みしたような悲しい顔をして、シクシクと泣くのだった。ぼくも悲しい。娘も悲しい。なんなんだろう。

それでも、娘の場合は抱っこして強制排除できる。しかしオガちゃんはそうはいかない。膂《りょ》力《りょく》は半端ではない。格闘家みたいな体をしている。オガちゃんは入野（のヴぁ公）にいたころ、重い電化製品をいくつも台車に載せ、それを押してまち中を散歩していたことで知られる。重い台車を毎日動かしてつくりあげた肉体。ぼくでも力ずくで排除はできない。万策尽きたぼくは、オガちゃんといっしょに固まることにした。もはや手立てではない。ぼくもオガちゃんとおなじように茫然自失するしかないではないか。男ふたりで肩を落とし、ゲーセンを彷徨い歩いた。

水越さんが助けに来てくれたのは、ちょうどそのころだった。神だ！　神はいた！　オガちゃんの説得を日々こなしている水越さんは、トップセールスの営業マンみたいにいろいろな提案をオガちゃんにぶつける。残ってる２００円を使ってゲームをするのか。気になっていそうなＵＦＯキャッチャーはどうだとか。そう簡単にオガちゃんが動くわけではないけれど、水越さんは、ぼくが自分の都合を押しつけていたのとちがって、なんどもオガちゃんの気持ちを確かめようとしていた。

岩は、すこしずつ柔らかさを取り戻す。オガちゃんはUFOキャッチャーの中のスマホが気になっていた。キャッチしてみたいのか、すでにコントローラーをさわっている。けれどそのスマホをよく見ると、そのケースの中にあるのは実際にはスマホではなく「スマホの形をしたサンプル」だった。

オガちゃん、それゲームじゃなくて、ゲームのおもちゃ、ニセモノだよ。ゲームできないよ。

水越さんがそういうと、オガちゃんは「おもちゃ？　そっかー」なんつって、あっという間にそのUFOキャッチャーに興味を失ってしまった。そして、水越さんに連れられて、あっさりエスカレーターに乗ってしまったのだ。

え？　そこかよ！　こだわりを捨てるポイントがまったく読めない。飽きるまでやらせたほうがいいのか、それともべつのものに興味を持たせるのか、あるいは目のまえのものを諦めるような提案をしたほうがよかったのか、皆目見当がつかない。水越さんのように、つねに相手にボールを投げたほうがよかったのかもしれない。いやあ、難しい。散歩なのに。ただいっしょにいるだけなのに、ままならない。ぼくは、オガちゃんが施設に戻ることを決意してくれたことに対する強い安堵と猛烈な疲労感を感じながらたけぶんに戻った。

「ザザシティ」を出て信号を渡り、セブンイレブンのまえに着いたときだった。オガちゃんは、ぼくに「飲む?」といいながら、握ったコップを傾けるようなジェスチャーをした。水越さんは「コンビニは刺激が多いからなあ」とためらったけれど、最後はオガちゃんの気持ちを尊重して店に入った。オガちゃんは残りの200円で1リットル入りのコカコーラを買った。そして、ほかの商品には目もくれず外に出た。オガちゃんは、ぼくにコーラをご馳走するために200円を残していたのだった。

小遣い500円。ゲームが好きなオガちゃんは、きっと5回ゲームをしたかったにちがいない。それなのに、コーラをご馳走してくれた。うれしかった。たけぶんへ戻ると、オガちゃんはマグカップにコーラをなみなみと注いでくれた。そしておたがいにコーラを飲み、ひとしきりゲップしあった。飲んではゲップ。ゲップしては飲み、そして笑った。そのうち、騒ぎを聞きつけたケンゴくんやカワちゃんともいっしょにゲップしあい、またたくさん笑った。5分くらいでコーラはなくなった。ぼくは、500円をこんなに見事に使う人をほかに知らない。好きなゲームをやり、いっしょに2時間ほどを楽しみ、散々ぼくを翻弄し、そして、コーラまでご馳走してくれる。

オガちゃんは、500円の価値を何倍にも膨らませて体験させてくれる「散歩マスター」なのかもしれない。たかだか散歩だ。けれど、この日の散歩で、ぼくは多くのことをオガちゃんから学んだ気がする。ぼくのほうが学んだのだ。ぼくはこの日、障害のある人の「外出支援」をしたのではない。そう思えた。

8

親の決定、友人との合意形成

まだ梅雨明けまえの7月。暑い。ふつうに座っているだけで汗が出てくる。ぼくは入野にいた。お昼ごろだったか、スタッフの蕗子さんがこれからプールに入るというので、あとにくっついて裏手にある庭に回った。のヴぁ公の裏の庭には水道があり、その水道の脇に水色の桶がふたつ置いてあった。プールに入るのは、太田くんとこうちゃん、と思ったら、なんと蕗子さんも中で着替えてきて登場した。3人で水浴びするらしい。まだ水道の水は冷たい。水の手触りを研究しているこうちゃんは、相変わらずいい顔をしながら、嬉々としてバシャバシャ水浴びしている。太田くんは、こうちゃんとは対照的に、ゆっくりと、そして肌全体で水の冷たさを満喫するようにしていた。蕗子さんだけが「ひゃー冷たいーーー」と声をあげていた。

レッツの施設に来ると、「これが障害福祉か⁉」という光景にちょくちょく出くわす。いまぼくの眼前で繰り広げられているのは、大の大人が3人して水浴びしている光景だった。なにかをいっしょにつくるでも、トレーニングをするでもない。利用者がこれをしたいという「思い」を支えている。そう、ただ、そこにいっしょにいるのである。だがレッツの場合、いっしょにいることを楽しむ工夫が尋常ではないのだ。この本にも、その痕跡を綴ってきた。

たとえば、利用者のひとりに、どうしても外を散歩したくなる平子くんという男性がいる。最近レッツでは、平子くんと長距離散歩をすることを「平子健康法」と呼んで楽しんでいる。散歩しまくるから、いっしょに散歩すると減量効果が高いということなのだが（ぼくも1度体験してめちゃくちゃカロリーを消費した）、そういう工夫は枚挙に暇がない。というか、「楽しむための工夫を凝らすこと」こそレッツの仕事だという気配すらある。

ぼくは、目のまえの3人があまりにも楽しそうでいい顔をしているので、思わずちょっとふざけたくなってきた。そして、自分のサングラスをこうちゃんと太田くんにかけてあげた。

うおお、こうちゃんのこんがりと焼けた肌といい、太田くんのいい感じに肥えた腹肉といい、なんだか往年の香港スターみたいだ!!　ふたりもまんざらじゃないようで、なーんかニヤニヤして喜んでいるように見えた。もし嫌だったら自分でサングラスを取ってしまうだろう。ふたりはぼくにサングラスをつけられるのを嫌がるそぶりはなく、むしろ大ウケしてゲラゲラ笑ってるぼくに笑顔を向けてくれたようにも思えた。

だろ？　サングラスつけて写真撮りたいよな？　ふたりとも、20歳そこそこの若者だ。きっとはしゃぎたいにちがいない。いや、これはぼくの勝手な思い込みだ。けれどぼくは、もし大学生くらいの若者と裏庭で水浴びしてたら、おい、このグラサンつけて写真撮ろうぜって、ぜったいに提案していたと思う。だから、それとおなじようにしてサングラスを渡しただけだった。ぼくは目のまえのふたりを支援する仕事についているわけでもないし、そもそもどんな障害があり、どんな特性があるかも詳しくはわからない。だから、まあ、ぼくらしくしているしかない。

そこには「正しい支援」があるのかもしれない。けれど、こんなことをしたら怒られるんじゃないか、これはふさわしい支援じゃないのでは？　みたいなことを気にして目のまえのふたりとコミュニケーションする機会を失うより、いま感じている「ノリ」みたいなもので接したほうが健康的だし楽しいはずだ。ぼくは上機嫌でシャッターを押して、ふたりのニセ香港スターを撮影した。ふたりは小一時間ほど水浴びして、顔に水をかけたり、ぽちゃぽちゃ水の感触を楽しんだりしていた。隣にいる蕗子さんは、なにか起きたときにすぐに動けるようにしながら水浴びをしていた。なんというか、ものすごくハッピーな空間だなと思った。

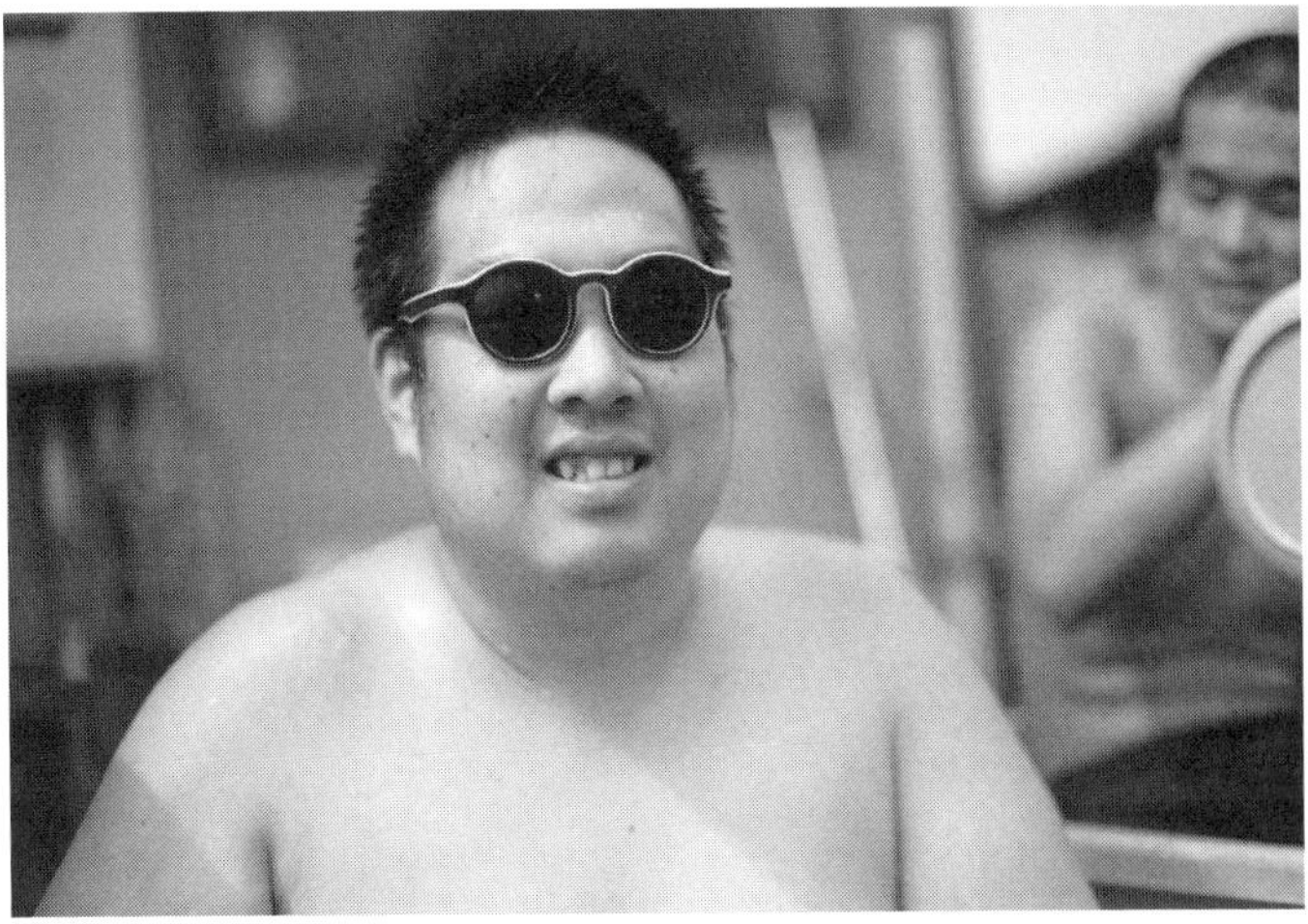

香港映画に出てくる怪しい中華料理屋にいそうな太田くん

自己決定ではなく合意形成？

そんな体験をしたあとの夕方、翠さんから、たけちゃんがある日金髪になったときの話を聞いた。「たけちゃん金髪事件」のいいだしっぺは、一時期たけぶんに「アーティスト・イン・レジデンス」のような感じで住んでいたテンギョウ・クラさんという男性だった。テンギョウさんはたけちゃんとすっかり仲よくなり、「壮には金髪が似合う」と考えていた。それを聞いたスタッフの尾張《おわり》さんは、それはいいアイデアだと話に乗り、たけちゃんが寝ているあいだにカラーリング剤をつけて金髪にしちまったのだそうだ。母親でもある翠さんはすごく驚いた。そのときの衝撃を、翠さんはこんなふうにブログに綴っている。

何だかわからないけれど、悲しい気持ちになった。それは「本人の意思が確認できていない」と思えてしまうからだと思う。なんかモヤモヤ。（中略）多少ぶっ飛んでいる母親である私でも、自ら「たけしを金髪にする」という発想はなかった。それは、私が初期に感じた、たけしの意思はどう確認すればいいか、という自己決定権みたいなものにとらわれていたから。しかし、たけしをよく知るスタッフと友人たちは、そこを軽々と超えていくのだ。（中略）「合理的配慮」とか「自己決定」なんてことではなく、人として、友人として「合意形成」されていく彼のクオリティオブライフ。

それは、安全で、無難なことだけではなく、ちょっと冒険的で、刺激的で、でも確実にたけしの新しい人間関係や社会を開くきっかけになるかもしれない可能性も含んでいる。

これは決して「親」ではできないことだとつくづく思う。*1


モヤモヤしていた翠さんに、テンギョウさんはこんな話をしたそうだ。「壮を愛している人たちが決めたのだから問題ない。こんな格好をしたらもっと似合うんじゃないかと話しあって決めたんだから、それは壮を無視したことにならない」と。

ぼくは、その話を聞いてたしかにそうかもしれないと思い、「翠さんはそれでよかったんですか？」と聞いてみた。翠さんはこう返してくれた。「親だって彼がどうしたいのかを確認できるわけじゃないし。結局、親が決めるわけだから自己決定ではないですよね。壮を愛している人たちが決めるという意味では、親も友人もおなじです。父と母、ふたりしかいない親が決めるより、スタッフが合意して決めたほうがよほどいいと思いました」。

結果、金髪になったことでたけちゃんは注目を浴びたり、周囲から積極的にコミュニケーションを取ってもらえるようになり、しばらくのあいだ機嫌もよかったそうだ。だから翠さんも「壮は金髪を楽しんでいる」と当時のブログに書いている。親すらも、本人の気持ちを確かめることができない。それが重度の知的障害の一面なのだ。
では、「親の決断」と「関係性の合意形成」とでは、どちらに重みがあるのだろう。翠さんがいうように、父か母、ふたりしかいない親が決めるより、たけちゃんを愛するスタッフや友人たちが決めたほうが、愛の深さでは敵わないけれど、少なくとも社会に開かれているという気がする。そんな話を翠さんにぶつけた。「このあいだも壮の支援会議をやったんだけど、私が決めるんじゃなくてみんなが決めてっていったんです。だって、親が決めるより、仲間たちが決めたほうがぜったいに楽しいはずじゃないですか」。翠さんは、我が子の仲間を信頼しているのだなあと思った。

たけちゃんは、まごうことなきひとりの人間だ。本人には、本人らしく生きる権利がある。では「たけちゃんらしく生きる権利」とはなんだろう。こうして仲間と楽しみながら、ああだこうだいいながら、「ぜったい壮に似合うよ」って話しあって決めた金髪のほうが、なんだか「たけちゃんらしい」と思えてくる。

それに、母親である翠さんにも、翠さんらしく人生を送る権利がある。ずっとたけちゃんの面倒を見ていたら翠さんだって苦しくなる。行動は極度に制限されてしまい、自分らしい人生を歩むこともできなくなる。それを「母の責任だろ」とは、ぼくはいえない。

重い障害のある人たちを、「自己決定」でも「親の決断」でもなく、第三者による、より開かれた「関係性の合意形成」で支えていくこと。それが、本人や親が自分らしい人生を歩むための端緒をつくる。もしかしたらこの考えは、日本の伝統的な「家」や「家族」という概念を部分的には解体するかもしれない。抵抗感を覚える人もいるだろうし、「それでもやはり親が見るべきだ」という人も多いはずだ。けれど、少なくとも親と本人の選択肢は確実に増える。親と決めたっていいいし、仲間と決めたっていい。それで楽になる親たちも多いのではないだろうか。実際、たけちゃんは、親である翠さんの意思ではなく、仲間たちといっしょに、その友情と関係性において金髪になることを受け入れた。そして、翠さんは、たけちゃんやそのほかの利用者ができるだけ家族と離れて自立した生活を送れるよう、たけぶんの3階部分をシェアハウスとして使うことにした。そして、金髪がすっかりトレードマークになったいま、たけちゃんは、翠さんという親のもとを離れ、ヘルパーや仲間たちとともに、そのシェアハウスで暮らしはじめている。

本人の意思すら確認できないという重い障害をまえに、その人を愛する人たちが「こうしようぜ」と合意して、ともに楽しみながら突き進んでいく。福祉や介護の論理だけではなく、人間として、友人として「こう思う」ってことを合意形成の柱にしていく。それがレッツのやり方なのだろう。いっしょに決めるのは、たけちゃんのよりよい人生を願う友人や支援者たちだ。その関係性を信頼すればいい。少なくとも自立ということを考えたら、「親の決定」よりも「友人との合意」のほうが自立に近いはずだ。だって親は、おそらく子どもより早く死んでしまうのだから。

自己決定でもなく、親の合意でもなく、友人たちとその関係性において決める。それはいいかえれば、家族のあり方を問い直す機会を社会に開く試みでもある。「家族とはいかなるものか」を問う、極めて思想的な営みなのだ。翠さんとたけちゃん、そして仲間たちの模索は、これからも続いていく。

＊1　「たけしと金髪～自立の姿～」『レッツ代表久保田翠のブログ「あなたの、ありのままがいい」』２０１９年2月28日
https://kubotamidori.hamazo.tv/e8366457.html

9

支援と「共事」

8月。レッツ観光は通算10日目となった。ただひたすらに暑い浜松。しっかりと意識を保っていないと熱気で精神がやられてしまうような暑さだった。連尺町のたけぶんに着くころにはすっかり疲れ果ててしまうほどだった。最高気温がほとんど30度を超えないいわきの民。じつにヤワである。このまちの夏の厳しさに苦笑いしながら、たけぶんの扉を開けて中に入る。前回の訪問から時間が経ってしまったけれど、ぼくの存在に気づいた人たちが、思い思いに挨拶してくれる。むしろスタッフのみなさんのほうに壁を感じるくらいだ。

入口のそばには、印刷された報告書の入ったダンボール箱が積まれていて、部屋のレイアウトがすこしだけ変わった気がするけれど、そこにいるメンツも、流れている空気も変わらない。なぜだかすこしうれしくなった。なんとなく、「仕事で来る場所」なのではなく「帰って来る場所」になったのかもしれない。

暑さがおさまらずパソコンを開いてしばらくボーッとしていると、レッツのスタッフの佐藤さんが「リケンさん、屋上で水浴びしましょう」と誘ってくれた。レッツスタイルの水浴びはのヴぁ公で体験済みだ。桶に水を入れて、そこに入ってまったりするやつだ。これが「支援」になるってんだからおもしろいよなあと、まえの文章で書いたところだ。

建物の裏手にある外階段を上がっていくと、3階の手前の踊り場で、リョウガくんと太田くんが待っていた。リョウガくんはすでにゴーグルと水泳キャップを装着していて準備万端。言葉ではいわないけれど、すごく楽しみにしているようだ。そりゃそうだよな、ほんと暑いもの！ 佐藤さんがたけちゃんを連れて来た。5人全員でドタドタと階段を上がって屋上に向かうと、水色の四角い桶の中にはすでにたっぷりと水が張られていた。

太田くんもリョウガくんも、心待ちにしていた冷たい水に体を入れていく。ひゃあああ、気持ちよさそうだ。気持ちがいいときは言葉にしなくてもすぐわかる。めっちゃいい顔してるもの。いやあ、みんないい顔をして水浴びしてるなあと、ひとしきりバシャバシャ写真を撮って、それでふとうしろを振り返ると、遊びに飽きたのか、たけちゃんはもう下の部屋に戻っていて、佐藤さんが一番いい顔をしながら水に浸かっていた。どんだけいい顔をしてるんだ。

「いやあ、最高ですよ。これでもちゃんと仕事してるんですから」

佐藤さんは、顔にバシャバシャッと水をかけ、あああああああといいながら、体をさらに深く水に沈めていく。なんだこの空間は……。

空は青い。太陽は、ジリジリと刺すような日差しを容赦なく地上に向けている。屋上は、ワイワイ騒ぐ声がするでもなく、リゾートの雰囲気があるわけでもなく、ただ静かに、水をチャプチャプする音が響いているだけだった。

ぼくは、水を張った桶に足を突っ込みながら考えていた。具体的に「こう支援してくれ」と言葉で説明できない人たちに対する支援とはなんだろうと。その基本は、やはりいっしょに「いる」ということなんだろう。そして、その「いる」に、レッツの場合はそこはかとなく「いたいように」という言葉が加わる。つまり、レッツの支援の根本は、「その人がいたいようにいることを支える」ということだ。

では、その人はどのようにい「たい」のか。それがわからない。確認のしようがないのだ。利用者の多くは、自分で自分の希望を話すことができない。だから、その「たい」の方向性を探るということを、レッツのスタッフは日々繰り返している。いうなれば「たい支援」。その人はなにが心地よいと感じるのか、その人はどこにこだわりを持っているのか。どのようなとき、なにがしたくなるのか。なにかがしたいとき、どのような表情や動きをするのか。それを観察しながら、いつも「たい」の方向性を決めている。スタッフみんなでだ。

けれども、その「たい支援」は、蓄積された福祉学の知、というようなものから探るのではなくて、そのときどきの、「こんなときはきっとこれがしたいよな?」という、ごくごくふつうの

だれよりもいい顔で水に浸かる佐藤さん（スタッフ）

感性と共感からはじまっている。マニュアルは使わない。正解もない。探るときの手がかりは、自分の想像力しかない。プールで遊んでいる佐藤さんは、そういうやりとりを心から楽しんでいるように見えた。その姿は、支援者として支援するというのではなく、なんというか、もっとシンプルな、目のまえの人といっしょに、遊ぶ、ただそれだけという感じ。それは潔く、そして心地よかった。その人といることを、心から肯定して、楽しんでいるように見えたからだ。

1時間はプールにいただろうか。ぼくは水には入らず足を突っ込んでいただけなので、気づくと身体中汗だくになり、かなり日に焼けてしまった。けれど、プールでなければ見られないみんなのいい表情を見られたし、いろいろなことを考えることができてとても満足していた。いやあ、たかだか水浴びでこれほど考えさせられるとは。やはりレッツの施設には、思考の種がたくさん転がっているんだなあ。

その人の「たい」を探す

つぎの日、ぼくはのヴぁ公にいた。オガちゃんもいっしょだった。オガちゃんは、本来は「たけぶん」のメンバーなのだが、やはり都市部の誘惑に勝てず、ちょくちょく散歩をおねだりしてしまったようだ。それでしばらく住宅地にあるのヴぁ公に「蟄居《ちっきょ》」を命じられたそうだ。オガちゃん、残念だったな。

オガちゃんは送迎車の掃除をしていた。そばにいたスタッフの高林さんがニコニコしながらそれを見ている。「ほら、オガちゃんは、機械と車が好きだから」と高林さん。

なるほど！　オガちゃんはたしかにメカが好きだ。掃除機なんてもうたまらないだろう。それに、オガちゃんは車も大好きである。ゲーセンでカーレースばっかりしてたもんな。高林さんたちスタッフは、そのことを熟知している。そして、機械、車、ゲーム……と結びつけて「車内清掃」をひねり出す。とてもクリエイティブだ。オガちゃんは、「うわああ、キレイだなあ！」「すごいな、キレイになっちゃうなあ」と声に出しながら、汗だくになって掃除をしている。好きなだけあってものすごく集中していた。それに、ゲーセンに行くのと比べたらお金もかからない。もしかしたら、いつものように突然飽きてしまったりもするのかもしれないけど、オガちゃんは、ともかくこの瞬間を楽しんでいた。レッツでは、車の掃除も支援になってしまうのだ。

午後になって、また裏庭を覗きにいくと、オガちゃんと高林さんは屋根つきの小屋のようなものをつくりはじめていた。オガちゃんは大勢の人がいる空間が苦手で、いつも建物の外に居場所をつくりがち。真夏の浜松。熱中症になったら大変だ。「冷房の効いた部屋の中に入りなさい」といいたくなる局面である。というか、ふつうに考えたら「熱中症になったら困る」、「部屋の中に入ってもらわないと困る」になる。なにかあったら家族に説明できない。

ところがレッツの支援はちがう。入りたくないなら屋外に居場所をつくればいい。熱中症になるのが困るのであれば、できるだけ陽があたらない、風通しのいい場所をつくればいい、という方向になる。そこで「いっしょに小屋をつくる」という支援の選択肢が生まれる。けれどもスタッフはつくらない。つくるのはあくまでオガちゃんだ。こういうの、支援者がやりがちだけれど、うまい具合に突き放し、その人の「たい」と結びつけるのがレッツ流なのである。

もうひとつ加えると、レッツのおもしろいところは、それを支援の内側の領域に留めないことだ。社会の側に訴えていくために、オガちゃんの行動を外部に発信したり、観客が学びを得るためのコンテンツにしてしまう。そうしてつねに社会の側に訴えかけていくのだ。レッツのツイッターには「オガ小屋」というハッシュタグがついてその模様が投稿されていた。そのうち、「オガちゃんとＤＩＹで小屋をつくるワークショップ」とかがはじまったりするのかもしれない。そうやって楽しさで当事者性を拡張し、障害とはなにかという問いを、参加した人たちや情報を受け取った人たちの心に蒔いていくのだ。

本人と向きあう。本人がやりたいこと、心地よいことを探る。それを支援として成立させる。

オガちゃんの台車「オガ台車」を
オガちゃんといっしょに制作する水越さん

そしてそれをおもしろがって福祉の外側の人たちの関わりしろをつくることで、障害のある人たちの存在を外部に漏れ出させていく。頭ごなしにこうあるべきという理想論を展開するのではなく、つねにそこに楽しい体験と思考を織り交ぜていく。個々人の「たい」、つまり欲求や欲望を押さえつけない。だから、いつも支援活動はふまじめなものに見える。けれど、そのふまじめさが、その人の本来の姿に向きあうことにつながる。個人と社会の往復。それがレッツの活動のキモだと思う。

なぜそんなふうに自信たっぷりにいえるかというと、ぼくがそうだからだ。この場所に来ると、ぼくもいっしょにいられるんだ、ぼくなりの支援でもいいんだ、という勇気をもらえる。そして、彼らと接することで、ぼくも障害福祉の当事者なのかもしれないと思えてくる。いや、正しくは、ぼくの関わり方は障害福祉の支援活動ではない。ただ単に、都合のいいところだけツマミ食いするように関わっているだけだ。やはり「当事」者とはいえない。けれど、ぼくは障害福祉に「共事」しているとならいえると思った。オガちゃんといっしょに小屋をつくる。支援とはいえない。けれども関わりは確実に生まれていて、「事に当たって」いるわけではないけれど「事を共にして」いる。ぼくがしているのは支援ではなく「共事」だったのだ。

「共事者」とはなにか

ぼくはこの「共事／共事者」という概念を自分でつくり出した。新しい言葉を発明してまで、自分の中途半端な関わりかたを肯定したかったからかもしれない。と同時に、この言葉は「当事者か否か」でふるい落とされてしまう人をすくい取ることができるとも感じている。ではこの「共事者」とはいったいなにを示す言葉なのだろう。まだ自分でも確としたものはないのだけれど、思いつくまま、すこし行数を割いて考えてみたい。

障害福祉の世界に限らず、社会課題にはそれに直面する「当事者」がいる。最近では、マイノリティ当事者が自分の生きづらさを持ち寄り、自らメディアをつくって発信したり、対話するイベントなどを自分たちで開催することが増えてきた。当事者同士だからこそわかりあえ、そこに共感が生まれる。こうしたチャンネルが少なくない人たちに希望を与えていることをぼくも知っているし、陰ながら応援したいとも思っている。また、障害福祉の世界で、自分たちの困難を「研究する」というフレームで外在化させ、それをもとに自分の困難と向きあっていこうという「当事者研究」がクローズアップされているのを知っている読者も多いことだろう。

けれど、この当事者という言葉は、それが発せられた瞬間に「非当事者」という存在も浮かび上がらせてしまうとぼくは感じている。たとえば、「あなたは震災復興の当事者ですか？」と聞かれたら、あなたはどう思うだろうか。読者の多くは、震災復興の当事者は被災した人たちであり、自分ではないと思うのではないだろうか。当事者という言葉は、課題に直面する人たちを想起させるが、同時に、自分には関係ない、当事者同士で考えればいい、専門家や支援者が関わるべきで自分は関わらないほうがいいというような遠慮を生み出し、「他人事」にしてしまう面がある。ぼくは、被災地と呼ばれる場所で暮らしてきて、この「当事者」という言葉に翻弄され、複雑な思いを抱いてきた。だからぼくは、当事者の存在を肯定・尊重し、当事者同士がつながりを持つ場を守りつつ、外側の人たちを「非当事者」にすることなく、自分にもある当事者性を自覚し、課題解決にゆるっと参画できるような、中途半端な立場を肯定的に捉えられる言葉があればいいと思うようになった。そこで生まれたのが「共事者」という言葉だ。

「共事」は、当事者性の濃淡や関与の度合い、専門性の高低などを競わない。素人や部外者、ソトモノの価値をもう一度見直しながら、当事者性を、遠くに、そして水平方向に拡張していく。ふまじめで個人的な興味や関心、「いるだけでいい」という低いハードル、だれもがワクワクするような魅力的な場を許容する、そんな関わり方だ。ぼくは、「共事」の回路をつくることが、課題を社会に開き、既存の当事者の枠を超える新しい関わり方をつくり出すと考えている。

なぜそう思うのかというと、ぼくがレッツで実際に体験してきたことだからだ。レッツでの体験こそ、まさに「共事すること」だったように思う。ぼくに福祉の知識はない。障害の知識もない。当事者でもなければ、家族に障害のある人がいるわけでもない。障害福祉や支援のハードルはまだまだ高い。素人目にも難しく見えるし、当事者や支援者に「あなたの関わりはまちがいだ」といわれたら反論は難しい。「正しい支援」を気にして二の足を踏んでしまうこともある。けれど、レッツではちがった。「いっしょに散歩してくれるだけでいい」、「いっしょにそこにいてくれるだけでいい」と、ぼくの中途半端な関わりを許容してくれた。ぼくは次第に、自分にだって、素人にだって、障害福祉に関わることができる、ぼくもだれかを支えられるのだと考えられるようになった。

地域の課題もおなじかもしれない。福島や沖縄。あるいは災害被災地。課題が大きいほど、社会全体で支えなければいけないのに、課題の重さゆえ議論はより複雑になり、外部から見ると関わりのハードルが高く見え、遠慮が生まれてしまう。次第に、内側の議論は賛成・反対で二分化され、その裏で、当事者の孤立が進む。小さな声がますます聞こえにくくなれば、課題の解決を遅らせてしまうことにもなる。徹底して寄り添うか、絶対反対か。さまざまな課題が二分化される現代。「共事」的な「わずかな関わり」を許容することが、当事者の困難を社会に開き、あらたな関わりをつくる回路になるのではないだろうか。

関わりが0から1にならなければ、課題の根深さを理解することにも、現場の人たちへの敬意を持つことにもつながらない。「当事者が決めるべきだ」という声が、容易に「自分には関係がない」に変化してしまうことを、ぼくはこの9年で体験した。だからこそぼくは、「共事者」としてのわずかな関わりを許容していきたい。福島第一原発の廃炉には数十年の時間が必要とされている。この場所に長く「当事」するためには、ゆるふわっとした「共事」の関わりを遮断してはいけないのだ。

当事者は課題に接近する。「共事者」はむしろ距離を取り、ふまじめに自分の関心や興味で動く。そこには余白、余剰が生まれる。だからこそ、プロではなく素人として、専門家ではなく非専門家として、当事とはべつのアプローチで困難に近づいてしまう。そんな関わり方のことを、ぼくは「共事」と呼んでいる。

10

「いろいろな人たち」の中にぼくもいる

レッツは、ここのところ地元の小学生に対するプログラムに力を入れている。先日も、地元の佐鳴台《さなるだい》小学校の中学年の児童たち90名が3チームに分かれ、たけぶんにやってきて観光したという。前回訪問したとき、スタッフの夏目さんからその話を伺ったのだけれど、とてもおもしろかったのでまとめてみた。

プログラムの手順はこうだ。たけぶんにやってきた児童たちは、まずガイドの話を聞く。あとは基本的には集合時間まで自由に過ごす。児童たちには2種類のメモ、「もくげきシート」と「これやったシート」が配られる。目撃したもの、そして、実際にこれをやってみたということ、2通りの関わりをメモすることになるわけだ。で、集合時間になったらそのメモを箱に入れて、そのあとみんなで中身を見て発表しあう。そして最後に、目撃したことを思い出しながら、絵葉書を書くのだという。レッツ宛に送ったり家族に書いたりと、送り先はさまざまだったそうだ。

夏目さんたちは、児童たちに対する明確な指示や、これをしてはダメという禁止事項をほとんど提示しなかったという。おかげで緊張の解かれた子どもたちは、階段の踊り場から紙飛行機を飛ばしまくったり、ドラムをガンガン叩いたり、ジャングルジムのようなものに登ったりと、想像以上に自由に過ごしてくれたそうだ。

夏目さんはいう。「自分が楽しむだけで精一杯になってしまった子どももいたけど、まずは自由に過ごせる場を目指そうと思ったんです。先生からの反応の中で印象的だったものがふたつあります。ひとつは、学校の支援ではいつも机の上でぐだーっとしてしまう子どもが今回のツアーですごく楽しそうにしていたと話していたこと。それから、ずっとゲームしてる人とかすぐにソファーに寝ちゃう人とかを見て、いまはうまくいかないことが多くても、ハッピーに生きることができるということに子どもたちも気づいたんじゃないかって話していたこと。そのふたつが印象に残っています」。

なぜそういう反応が生まれたのだろう。夏目さんは「先生がいうには、障害のある大人と出会ったことがよかったみたいです」と振り返った。「同年代なのに自分よりもできないというのは軽蔑の対象になってしまうかもしれません。大人なのにこんな自由に過ごしていいんだってことが、ある種の自己肯定につながったのかもしれませんね」。

たしかに、自由にしていいよと大人がいっても、実際に羽目を外したら怒られてしまうことを子どもたちは知っている。だからふつうはセーブしてしまう。そのリミットが外れていかないと、子どもたちだって自らの「表現未満、」を表出することができないだろう。その点、たけぶんは、もともと「その人がいたいようにいていい場所」だ。いつもはやっちゃダメだけど今日は特別ねって、周りの大人が子どもたちに忖度したり演出したりしているわけじゃない。施設にいる大人たちが、そもそもいたいようにいていい。そしてみんな実際にそうしている。だからこそ、目のまえの自由さに接した子どもたちが、いつもより自分を開放できたのかもしれない。

目撃と問い

子どもたちに課せられたワークが、「もくげきシート」と「これやったシート」の二段構えなのもおもしろいと思った。なぜこの2種類のメモになったのかについて、夏目さんはこう語る。

「わからないものと出会ったときに、わからないやってスルーするんじゃなくて、見てみる、観察することを意識してもらいたいなと思って、まず『もくげきシート』をつくりました。でも、それだけでは不十分で、そこに他者との関わりをつくりたかったんです。その人と出会っているんだということを確かめるっていうか、切り捨てないで対話する態勢をつくって欲しいなと。それで『これやったシート』もつくったんです」

「もくげきシート」があるおかげで、子どもたちは「見る」ことに対する感度が上がる。そして、

小学生が記入した「もくげきシート」と
「これやったシート」

利用者や、利用者が制作した不思議ななにかや、よくわからない謎の造形物を目撃してしまう。視界に入るということは、それがなにかしら気になったからだ。だから、そこに「これはなんだ！」や「なんでこれができたんだ⁉」、「この人はなにがしたいんだ⁉」というような問いが生まれる。つまり、シートが問いの誘引装置になっているわけだ。

けれども夏目さんは、問いに対する答えの深さを求めない。「シートにはこんなことが書いてありました。なんでだと思う？　って子どもたちに聞くんだけど、答えあわせはせずに、そうかもねって終わっていいと思うんです。だって、現場もそうですから。たとえばたけちゃんがどうしたいかは私たちにもわからない。わからないものだらけ、答えの出ないものだらけなんだってことも感じてもらいたいなと」。

答えのなさ。それは学校教育とは対極にあるものかもしれない。夏目さんは「学校は解を導き出すところだけれど、行き先不透明ないまのような時代に、わからないものに直面したときに自分はどうするか、自分とちがう人と出会ったときにどうするか。わからないといいながらも、想像してみることは大事だと思うんです」という。

学校ではどうしたって答えを出さなければいけない。学習の目的や成果や、しかるべきレベルアップが求められる。いっぽうレッツでは、問いが問いのまま、疑問が疑問のまま残ってもいい。実際、コミュニケーションを取ることも難しいのだから、わからないことだらけだ。スタッフだって「わからない」を日々重ねている。

やってもいいし、やらなくてもいい。わからなくてもいい。目的や成果に溢れた学校生活を送っている子どもたちは、それが許されている場所で、いったいなにを感じただろうか。

フラットな体験

それともうひとつ。ワークが「目撃」だけで終わらないのがいいと思う。そのさきに体験があるのだ。そのための導火線が「これやったシート」。このシートを満たすには、なにかをやるべきなんだろうと児童たちが事前に自覚できる。その自覚があってはじめて、夏目さんのいう「対話する態勢」が生まれる。けれども、態勢をつくるだけだから、対話しろというわけじゃない。その宙ぶらりんな余白がいいなあと思った。

「見るだけでもいいけど、やってみるとおもしろいかもって促します。けど、やらなくてもいいよ、ともいうようにしました。できるだけ『ダメ』といわないようにしようと。先生たちからも『子どもたちが失礼なことをいうかも』といわれていたんですけど、その心配は要りませんと。思ったことに蓋をしないことが大事だということを伝えました」と夏目さんは振り返る。

やってもいいし、やらなくてもいい。それも自由。思ったことはいっちゃってもいい。それもまた自由。そうして感情に蓋をしないことを、夏目さんたちは大切にしているようだった。どうしてあの人は寝てるんだろう。どうしてあの人は騒いでるんだろう。ちょっと変だな。そういう初歩的な疑問を、感じたまま口に出していっていいというのだ。

これってほんとうに大事なことだとぼくは思う。利用者の行動を迷惑だと認識するよりまえに、フラットな「個性」や「表現」として認識することができたら、子どもたちの障害に対するイメージが大きく変わっていくのではないかと思うからだ。

思えばぼくたちは、障害のある人が、どんな人かもわからない、ほとんど会ったこともないのに、差別はいけない、偏見はいけないと教育されるし、「身体障害」や「精神障害」みたいな言葉だけをさきに学んでしまう。だから、障害のある人について考えると、「守られるべき人」か「役に立たない人」かの、両極端な反応を生み出してしまうのかもしれない。とくに日本では、人権教育以前に道徳教育が盛んだから、「障害があろうとなかろうと、人はだれでも生まれながらにしてさまざまな権利を有している」という意識ではなく、どうしても「社会の中にいる弱い人たちを守らなければならない」という道徳観を「さきに」身につけてしまう。それが逆だったら、またちがうのだろうなあ。

夏目さんはこう話している。「ただ単に障害者とふれあいましょうっていうプログラムは、先入観が邪魔をして『障害のあるかわいそうな人たち』ってなりがちなように感じています。すでに小学校5、6年生になると、もう多くを学んでしまってるので、目のまえの状況を楽しめて、なおかつフラットに受け止めることのできる小学校3、4年生のうちにレッツに来てもらいたいんですよ」。ほんとうにそうだなあと思う。

それから、夏目さんは、最後にもうひとつ大事な話をしてくれた。このプログラムで小学生たちに伝えたいことってなんですか？　というありふれた質問に対する答えとして話してくれたことだ。

「いろいろな人たちがいる中に自分も含まれているんだってことに気づけることが大事だよねと、スタッフの竹内さんといつも話しています。いろいろな人たちがいていいし、学校だけが自分の生きる場所じゃないんだって思ってもらって、それが自己肯定感につながって、希望が持てたらいいなって」

この話は、とてもクリティカルだと思った。「世の中にはいろいろな人がいる」。ぼくらがそういうとき、「いろいろな人」と自分を切り離してはいませんか？　その「いろいろな人」を、無意識に「自分は含まれない弱者」だと考えてないですか？　と夏目さんから問いかけられたような気がしたからだ。

だいたい教育のシステムがそうなっている。なんらかの障害のある人たちはぼくたちとはちがうクラスや特別な学校で勉強している。彼らにどんな障害があって、どんな個性があって、どんな生きにくさがあって、どんな幸せがあって、どんな表現をするのか。そんなことを知る機会もない。そのくせ大人になると「多様性」ばかりを求められる。だから、どこか上から目線で「生きにくさを抱えた人たちを守ろう」という考えになるか、それがねじれて「役に立たない人たちに税金使うのはどうなの？」という反応とに分かれてしまうのかもしれない。出てくる対応は正反対だけれど、「いろいろな人たちに自分を含まない」という点ではおなじだ。

そうじゃなくて、必要なのは、自分も「いろいろな人たち」の中にいるという自覚。自分も弱者であり、自分だって弱さを抱えているんだという自認。自分も「表現未満、」の領域を持っているという共感。そういうものかもしれない。「いろいろな人たち」の中に自分もいること。自分も生きづらさや弱さを抱えた人間であり、レッツに通う人たちとなにひとつ変わらないこと。けれどこうしてハッピーに生きていくことができるということ。そんなぼくにも、居場所がある

学校との連携プログラムについて話してくれた夏目さん

んだということ。
　このメッセージは、決して子どもたちだけに向けられた言葉ではないだろう。レッツのプログラムをだれよりも受けなくちゃいけないのは、大人であるぼくたちのほうだな、と夏目さんの話を聞きながら思ったし、うちの子どもが中学年になったら（というか来月にでも）連れてきたいなと思った。

　そうだよ、ぼくも、みんなとおなじだったんだよ。「いろいろな人たち」の中にぼくもいるし、目のまえのあなたも「いろいろな人たち」の中にいる。その発見は、自分の気持ちを害することはなかった。むしろ、それを認めてしまったがゆえの妙な納得感があった。他者と向きあうときの姿勢が変わるような気がする。そうだよ、ぼくも、みんなとおなじだったんだよ。そう、「いろいろな人たち」の中に、ぼくも、あなたもいる。

11

はじまりの言葉

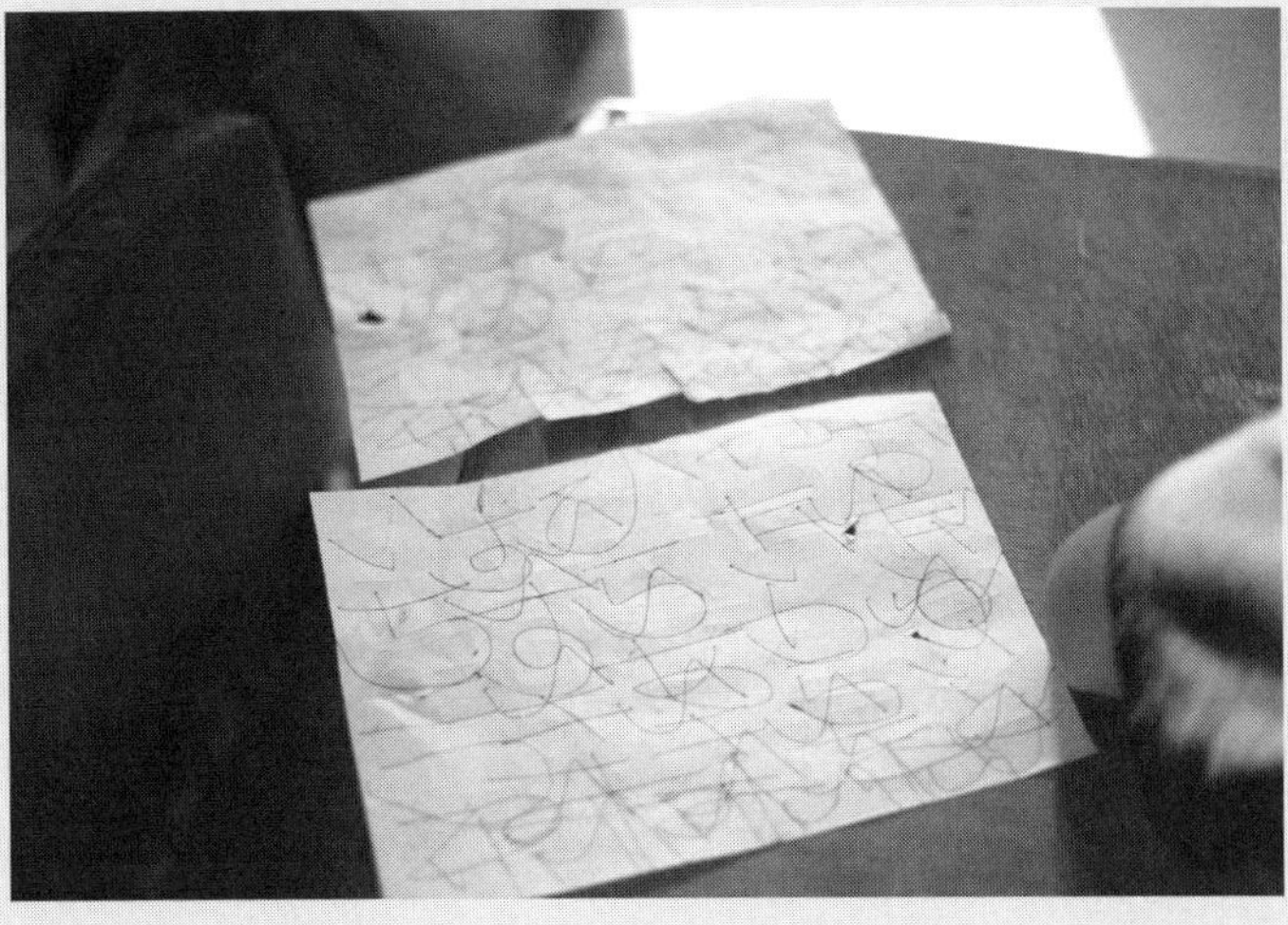

9月19日木曜日。レッツ観光は通算11日目となった。8月以来の久しぶりのレッツ訪問である。前回の観光からひと月以上開いてしまって、みんな、ぼくのことを覚えてくれているだろうかと不安になったけれど、カワちゃんはぼくの姿を見つけて「久しぶり！」といってくれるし、こっちゃんもニコニコしてて、リョウガくんもソフトタッチで出迎えてくれた。太田くんは、いつものようにのんびりと昼寝をしていた。みんなが変わらずいてくれることがとてもうれしくなる。彼らを日常的に支えているわけではないソトモノのぼくは、なんとも気楽なものだ。

この日は、しばらくスタッフの水越さんとミーティングをしたあと、奥のほうに座っていた詩人のムラキングに声をかけ、出口に近いテーブルに腰を下ろしてしばらくおしゃべりをした。ムラキングは「恋愛妄想詩人」として活動している詩人である。と同時に、この場所の利用者でもある。高校生のときに交友関係の悩みなどから心が不安定になり統合失調症と診断され、10年近くまえからレッツが運営する「アルス・ノヴァ」に通っている。

あ、いきなり出てきた新しい名称「アルス・ノヴァ」。すこしややこしいのだけれど丁寧に説明しておきたい。「アルス・ノヴァ」は、正式名称「障害福祉サービス事業所　アルス・ノヴァ」という。この本でずっと紹介してきた「たけし文化センター連尺町」の1階と2階部分に相当する。ちなみに3階にはシェアハウスがあり、建物全体を「たけし文化センター連尺町」と呼ぶ。「障害福祉サービス」というのは、障害のある人への支援を定めた法律「障害者総合支援法」に基づいて提供されるサービスの総称である。いままでずっとカオスな文化施設「たけし文化センター連尺町」に訪問していたので、もうひとつの名称を聞くと、あらためてこの場所が「障害福祉サービス」を提供する場所なんだなと実感する。

小難しい話をもうすこし続けよう。この障害福祉サービスは、大きく分けて「介護給付」と「訓練等給付」の2種類がある。介護給付は日常生活に必要な介護などの支援を提供するサービスであり、訓練等給付は社会生活に必要なスキルを身につける訓練や、自立した生活を送れるようサポートするサービスを指す。めっちゃややこしい。

障害福祉サービスって？

ここで、障害者福祉サービスの全体像を見てみたい。

①介護給付

・居宅介護	日常生活に必要な介護にまつわる支援サービスを提供
・重度訪問介護	居宅での入浴、排泄、食事等の介護や調理、洗濯及び掃除等の家事、生活等の相談や助言、その他生活全般の援助や通院・乗降などの介助
	居宅介護サービスに加え、外出時の移動中の介護、コミュニケーション支援、日常生活上の様々な介護の事態に対応するための見守り等の支援を総合的に提供する
・同行援護	視覚障害により移動が難しい人に外出時の同行や情報の提供及び排泄・食事等の介護を行う
・行動援護	知的・精神障害者が行動する際に生じうる危険回避に必要な援助や外出中の介護及び排泄・食事等の介護を行う
・重度障害者等包括支援	訪問系サービス（居宅介護、重度訪問介護）や通所サービス（生活介護、短期入所）等を組み合わせて、包括的に提供

・短期入所（ショートステイ） 自宅で介護する人が病気のときなどに、介護を必要とする人に対して短期的に施設で介護や支援を行う
・療養介護 病院等への長期入院の際に、医学的管理の下、介護や日常生活上の世話を提供する
・生活介護 主に日中、障害者支援施設において、入浴・排泄・食事等の介護や家事、相談・助言、日常生活上の支援や生産活動・創作活動の機会を提供する
・施設入所支援 施設に入所している人に対し、夜間の支援を提供する。入浴や排泄、食事などの介助を行う

②訓練等給付 社会生活に必要なスキルを身につける訓練や、自立した生活のサポートを行うサービスを提供
・自立訓練 入所施設・病院を退所・退院した人や特別支援学校を卒業した人に、地域生活への移行や、地域生活を行ううえで必要な支援を提供。身体的リハビリテーションや身体機能の維持・回復を行う「機能訓練」と、自立した日常生活を営むために必要な入浴・排泄・食事に関する訓練を行う「生活訓練」がある

・就労移行支援	一般企業への就労を目指す人に対し、働くために必要な知識や能力を身につけるための職業訓練や就職活動のサポートに加え、就職後に長く働けるように職場定着の支援を提供する
・就労継続支援	生産活動やその他活動の機会の提供、就労に必要な知識及び能力向上のために必要な訓練、その他必要な支援を行う。雇用契約を結んで働くA型と、契約を結ばずに働くB型がある
・就労定着支援	就業に伴う生活面の課題に対応できるよう、事業所・家族との連絡調整等の支援を行う
・自立生活援助	障害者支援施設やグループホーム等から一人暮らしへの移行を希望する者を対象に、定期的な巡回訪問・随時の対応によって、円滑な地域生活に向けた相談・助言等を行う
・共同生活援助	共同生活の住居（グループホーム）で、主に夜間に、入浴・排泄・食事の介護や、相談、その他の日常生活上の援助を行う

山下幸子ほか著『新・基礎からの社会福祉④障害者福祉〔第3版〕』（ミネルヴァ書房、2020年）

「アルス・ノヴァ」は、このうち「生活介護」のサービスを提供している。いっぽう、本書で

障害福祉サービス事業所とあらためて聞くと、
イメージがだいぶ変わる

これまで「のヴぁ公民館」と説明してきた入野町にある施設には「障害福祉サービス事業所　アルス・ノヴァ入野」という名称があり、生活介護と就労継続支援B型のサービスを提供している。さらに入野ののヴぁ公の裏手には「放課後等デイサービス　アルス・ノヴァ」というスペースもある。放課後等デイサービスは、右に書いた一覧にはないのだが（障害福祉サービスは18歳以上の人たちを対象にしているため子どもたちへのサービスはべつの区分けなのだ）、障害のある子どもたちが放課後や夏休みの時間などをここで過ごす。

多岐にわたるサービスを区別するためには、サービスに名前が付与されていなければならない。それがややこしさを生んでいるのだけれど、障害のある人たちにこれほどの支援が行われている、ということの裏返しでもある。

ここで考えたいのは、レッツの拠点に「ふたつの名前」があることである。おなじ場所でも、文化施設「たけし文化センター連尺町」と呼ぶのと、「障害福祉サービス事業所　アルス・ノヴァ」と呼ぶのではイメージが全然変わってしまう。もしぼくが「障害福祉サービス事業所に通っている」と考えていたら、この本に書いてきたような考えは思い浮かばなかったかもしれない。ここが文化施設だからこそ、ぼくはゆるく関わることができたのだ。

では、この場所が文化施設「だけ」だったらどうだろうか。「障害なんてない。あるのは個性だ、表現だ、文化だ、才能だ」といってしまったら、「障害ではなく個性なのだとしたら助けなんて必要ない」という極端な言説につながってしまうかもしれない。そうではなく、やはり名前がふたつあること、文化事業と福祉事業の「渾然一体性」とでもいえばいいだろうか、どちらか片方を切り取るのではなく、その両方を抱きかかえていく姿勢こそが重要なのではないか。才能のように見えるけれど困難もある。困難は紛れもなくあるが、そこにはおもしろみも存在する。そういう割り切れなさが、文化事業と福祉事業の往還をつくり出し、おたがいの不足を補いあうような関係をつくり出すのではないか。そして、そのような場だからこそ、「利用者と表現を楽しんでいたらそれが福祉になっていた」とか、「熱心に支援しようと思っていたら彼らの表現を認めることになっていた」みたいな、当初の予想とはちがったところにたどり着いてしまう、つまり「誤配」の可能性が生まれる。レッツは、だからこそ「ふたつの名前」を持っているのではないだろうか。

恋愛妄想詩人、登場

長々と込み入った話を書いてしまった。話をムラキングに戻そう。ムラキングは「恋愛妄想詩人」として活動している詩人である。日常的に詩の創作を続けながら、レッツが主催するイベントなどでポエトリーリーディングのパフォーマンスを行ったり、たけぶんを訪問してきた人に即興の詩をプレゼントしたりと多彩な活動を続けている。以前は、とある雑誌で自分の詩を披露するコーナーを持っていたそうだ。レッツが標榜する「表現未満、」を体現する作家として、ムラキングはたしかな地位を確立しているように見える。

そんなムラキング、前回までは無精ひげがボッサボサに伸びてたのに、あごひげだけになっているじゃないか！　なんだかクリエイターっぽさが増してシャープな印象。「ひげ、いいじゃん！」なんて話をしながら、最近の詩作はどうよ、ってか、ムラキングってなんで詩の創作をはじめたの？　ムラキングにとって「表現未満、」ってどんな位置づけよ？　みたいな感じで、1時間くらいだろうか、まったりとおしゃべりが続いた。以下、ぼくがメモでまとめたものを書き連ねておこう。

ムラキングが詩の創作をはじめたのは高校生のとき。心が安定しなくなり、妄想や言葉が頭の中に溢れてしまい、書き出さないと病んでしまうという状態になった。ムラキングはそのときのことを、「ひたすら紙にわーって書いてました。溜まっては書き、書いては溜まっての繰り返しですね」と述懐する。楽曲の歌詞を書き写すこともしていた。近くのレンタル屋で中古のCDを買い漁っては、それを聴き続けて歌詞をノートに書き写していたという。夜遅くまでラジオを聴き、それをテープに録音したものをもう一度聴きながらまた詩を書いて、の連続。「心が安定し

妄想恋愛詩人ムラキングと妄想について話した

てなかったので、そういうことに逃げてたのかもしれません」とムラキング。
以前、無印のノートを買って、詩で100ページをぜんぶ埋めようと決めたことがあった。1カ月でそれは埋まったそうだ。といってもそれは作品というより、溜まったものを吐き出しただけ。これまでに書いてきた詩はダンボール何箱分にもなるそうだが、引っ越すたびに捨てていたので、もうよくわからない。「アルス・ノヴァ」に来はじめたころ、翠さんから「なんで取っておかなかったの」と叱られたそうだ。ムラキングは、思いを吐き出していただけで、作品ではないと考えていたのだ。ムラキングにとって詩作とは「吐き出すこと」。表現か否かという問い自体、あまり意味がないことだった。統合失調症には妄想や幻聴も起こりうる。それはときに命に関わるほどつらいものだ。だから、詩を書くことで命をつないでいたという感じだったのかもしれない。

ムラキングの詩の中には恋愛詩もあった。AKB48が好きな知りあいに教えてもらってネットで動画を見たとき、いろいろな妄想が膨らんで、それで恋愛詩を書くようになったそうだ。でも、「恋愛妄想詩人」と名づけられたのはレッツに来てから。スタッフの尾張さんに「ムラキングの詩って完全に恋愛妄想だよね?」といわれて「恋愛妄想詩人」としてデビューすることになったのだ。けれど、「妄想」だというわりに「ひとりで詩は書けない」とムラキングはいう。他者に対する妄想を詩にしているので、妄想を向ける相手がいないと成り立たないからだそうだ。妄想というと「ひとりでするもの」とぼくは思ってしまうけれど、ムラキングにしてみればそれは共同作業。「だれかを付随させて書かないと、書いてるあいだに気持ちが落ちてしまうんです」。

ここ数年は近所のデニーズで詩を書いている。最近やっているのは、だれかの曲を聴きながら、ピンときたらすぐ詩を重ねていくというもの。曲を聴いて、実際には「君を愛しています」という歌詞を「君を殺したい」に変換して書いたりしているのだそうだ。オリジナルがあって、妄想が続く。だからひとりきりで詩を書いているというわけではない。ひとりでやっているように見え、ムラキングの詩は、他者との関係性の中で繰り広げられる「妄想の即興セッション」なのだ。

ムラキングに、「表現未満、」について聞いた。するとムラキングは、「未満と以上の線引きは難しいし、自分ではどうでもいい。自分の妄想が『表現未満、』かどうかは自分ではわからない」という。ムラキングが妄想をぶつけたい相手は、実際には会えない人だ。だから妄想が募り、終わりがなくなる。相手に伝わってしまったら妄想ではなくなってしまう。ひとりで完結してこそ妄想だ。けれど、それは自分ひとりでつくられるものでなく、妄想をぶつける人がいてはじめて成立する。ひとりでつくっているのに、ひとりでつくっているわけではない。

こんなふうにムラキングの言葉を「まとめて」みると、ムラキングはしっかりと主張する男だと思ってしまうけれど、実際にムラキングから語られた言葉は、もうすこし生々しく、ちょっと混濁していて、行ったり来たりするし、昔の記憶ははっきりしなかったりで、ここに書いたほどクリアではなかった。けれど、そういうムラキングの言葉だからこそ響くのだし、その端々から「表現未満、」の正体が浮かび上がってくるような気もした。

レッツが標榜する「表現未満、」とはなんだろう。ムラキングへの聞き取りをヒントに、現段階でのぼくの理解を整理してみる。

1、「表現未満、」は、受け取る側の言葉である

なんらかの行為（ムラキングでいえば詩を書いてしまうこと）が「表現」なのか、あるいは「表現未満、」かなんてことは、本人にとってはどちらでもいいし、その行為がどちらに属するものかの判定すら本人にも難しい。本人にとってどちらでもいいのだから、「表現未満、」とは、あくまで「受け取る側」の言葉だと考えることができる。

なにかしらの行為を、それを見た人が「それって表現未満、かも」と思ってみる。それではじ

めて「表現未満、」が立ち現れる。つまり「表現未満、」にはつねに発見者を伴うということだ。ムラキングという恋愛妄想詩人がスタッフの尾張さんに発見されたように、その行為者だけでなく、受け取る人も含めての言葉なのだ。だとするなら、そこには関係性が立ち現れてくる。「表現未満、」とは、他者と関係性を構築するための言葉といえるかもしれない。

2、「表現未満、」は、行為者の存在をポジティブに受け止める

「表現未満、」という言葉は、その行為の根源を探ろうとする思考回路をつくり出す。否定ではなく肯定の言葉なので、次第に、なぜそれを書かざるを得ないのか、なぜそういうスタイルになったのか、なぜそういう行為が出てくるのかと、個人に迫る思考の回路がつぎつぎに生まれ、深まるのだ。まったくおなじ行為でも、「迷惑行為」と思えば排除の対象になり、「障害由来の仕方のないもの」とすれば思考停止になってしまう。「気持ち悪い」としてしまったら思考停止かつ排除だ。けれども、あえて「表現未満、」という言葉で捉えてみると、その言葉の響きが謎のポジティブさを生み出すのだった。

結果として、ムラキングの行為は、「障害」ではなく、ときに「おもしろいもの」「興味深いもの」として受け止められていく。ムラキングが「恋愛妄想詩人としてぼくが生きていけるレッツ

はやっぱりすごいんです」という話をしてくれたけれど、そうしておもしろがられることで、ムラキングが生きる場所を得たのは事実だろう。

3、「表現未満、」は、他者の見え方、社会の見え方を変える（こともある）

そのような経験を通じて、「表現未満、」はムラキングと鑑賞者の関係性をポジティブにつくり出すばかりでなく、ぼくたちの「障害を見る目」をじわじわと変容させていく。ムラキングを詩人として見る、それとおなじ目線で他者を見られるようになるのだ。少なくともぼくは「表現未満、」という概念を知ってから、家族との向きあい方が変わった。一言でいえば寛容になった。おもしろがれるようになった。まちの中で障害のある人たちを見たときの対応も変わった。施設で高齢者を取材するときの姿勢も変わった。とにかく影響がでかいのだった。その意識の変化は、優れたアート作品に出会った直後に感じる変化に近いかもしれない。

4、「表現未満、」は、社会に漏れ出す（こともある）

そして最後に、この「表現未満、」がおもしろいのは、個人への接近に止まらず、社会にも漏れ出していくことだということも付け加えておきたい。ムラキングの作品は、レッツに来た人ならだれでも見ることができるし、作品のグッズも販売されている。パフォーマンスも行っているから、だれだって体験できる。つねに外に開かれているから、それにふれた人の感情や学び（もしかしたら違和感なども含めて）に紐づいた言葉が、じわじわと社会に漏れ出していくのだ。

ぼくがこの本を書いていることもそうだし、ぼくがレッツの拠点に連れて行ったぼくの友人たちもそうだ。あらたにレッツの存在を知った人もそうだろう。「表現未満、」を語る言葉が増え、関わる人たちが増え、それがまた人びとの心に変化を与えていく。そして、レッツを見学してみたいという人や、レッツの取り組みを取材したいという人をつくり出していく。それが繰り返されることで、社会は、より寛容になる、かもしれないし、障害のある人に対する理解が深まる、かもしれない。つまり、社会が変わる、かもしれない。

5、けれども「表現未満、」は、目的にはなり得ない

けれども、それらはすべて偶然の結果であって、目的にはなり得ない。社会の見え方を変える「ために」レッツに通うわけではない。たまたま変わるかもしれないし、変わらないかもしれない。

そういう行為にふれることがおもしろいからふれるだけであって、「表現未満、」は、社会の構造や偏見を打破する「ために」やるものでもない。それらはいつだって「結果として」訪れるものだとぼくには思える。そもそも「表現未満、」という行為もまた、なにかの「ために」行われるものではない。なんらかの価値が社会的に認められたものでもないし、お金に換算されるものや、「いいね!」を獲得するために練られたものでもない。目的や意図や価値や評価とは切り離されたところにある、とても根源的なものだ。

だから「表現未満、」に向きあうときに求められるのは、ただ、いっしょにいることだ。目的なき行為なのだから、それを鑑賞する、あるいは体験するだけ。ただ、いっしょにいておもしろがってみればいい。

それら一連の心の動きの、まさに「はじまり」にあるのが「表現未満、」という言葉だと思う。そこからすべてがはじまる。「表現未満、」とは、つまり「はじまりの言葉」。それを通じてムラキングと知りあえたぼくはとても幸せだと思う。では、ぼくの妻や娘、父や母はどうだろう。すでにつきあいの長い人だって、「表現未満、」を通じてもう1度出会い直すことができるかもしれない。あたらしい関係を開く。出会い直す。ぼくにとって「表現未満、」は、いま、そんな言葉になりつつある。

12

体験としての障害と福祉

今回の訪問初日は、連尺町のたけぶんに行くまえに、浜松駅からタクシーに乗って15分ほどのところにある佐鳴台小学校へと向かった。小学校のお昼休みにレッツの利用者とスタッフで教室のひとつを借り、そこを「表現未満、」の場所にしてしまおうという「出前授業」の企画があると聞いていたからだ。行かないわけにはいかないぜ。

会場に着くと、予想通り最高にハッピーな空間が広がっていた。来ていたのはレッツ・オールスターといっていい顔ぶれで、ふたつあるレッツの施設を回っているぼくからすると、1箇所にレッツのスターが集まっているのは「1度で2度美味しい」といわずにいられない。

教室の入口にはカワちゃんが陣取り、教室の中には平子くんとこうちゃんが構える。たけちゃんもリョウガくんもどこか機嫌がよさげで、こっちゃんもニコニコだ。ケンゴくんもいつもより大きい音量で「トゥーッス」とシャウトしていて、ぼくも思わずテンションが上がってしまった。

昼休みになると、スタッフの水越さんが、楽器を鳴らしながら「アルス・ノヴァ、はじまるよ～」と大きな声を出して児童たちの来場を促した。すると、あっちこっちから子どもたちがやってきた。教室の中に入って接触を試みようという子もいれば，扉のところから教室の中を覗くだけで入ってこない子たちもいる。いっしょに絵を描いちゃう児童もいれば，黙々となにかをつくっている児童もいる。いやあ，バラバラだなあ。

スタッフも，無理に子どもたちに介入することなく自由に任せているようだった。こっちにおいでよと誘いはするけれど，これこれこうしなさいとか，これをこうやってみな，みたいな指示出しもない。実際になにをするかは子どもたちの判断に任せてしまっている。そのおかげで，最初はなにをすればいいのかビミョーな感じで立ち尽くしていた児童も，5分としないうちに自分の居場所を見つけはじめた。ちなみにここでいう「居場所を見つける」とは，もちろん「レッツの利用者と絡む」ことを意味しない。教室にいるだけ，つまりそこでぼやーっとしてたり，眺めたりしてるだけでもいいのだった。

子どもが大勢やってくると，意外にもカワちゃんが勢いに押されてしまって部屋に入ってくることができなかったり，居場所がなくなった平子くんは端のほうで壁を向いて座っていたり，リョウガくんは逆にものすごく楽しくなってしまい最高峰のジャンプを決めていたり，田村くんは黒板に絵を描いて大勢の子どもたちを楽しませていたりと，ますますカオスでバラバラで最高である。そこには統制などない。あらゆるバラバラの動きが生まれていて，「ああ，学校って統制される場所なのに、こんなに統制が取れてない空間をつくることができるんだな」などと妙に感動してしまった。

これもあり、の効能

校長先生がいらっしゃって、「こういう場所はこういう場所でありなんです」とおっしゃっていたのが印象的だった。「こういう多様な場所が求められているんです」とか、「こういう機会が学びになるんです」とか、あるべき論みたいなことを1度もいわなかったのだ。もちろん、先生は必要だと思っているからこうして受け入れているわけである。けれど、あくまで「あり」という言葉で語ろうというところに、ぼくはとても共感した。

なぜかというと、「これもあり」は、べつのものを許容していく言葉だからだ。「これがいい」とか「これこそが○○」となると、ほかのやり方を評価できない「排除の言葉」になってしまう。たったひとことだけれど、「これもありなんです」という校長先生の言葉には、この学校の目指す方向性がにじみ出ていた気がしたし、その方向はおそらくレッツが向いている方向とさほどちがっていないのではないかと思えて、とても心強かった。

浜松には外国人の労働者が多く、その子どもたちが学校に通ってくるという地域の事情があるのだろう。実際、小学校に入ってちょっと廊下を歩いてみれば、外国にルーツがあると思しき子どもたちをたくさん確認することができる。いろいろなルーツを持つ子どもたちがいるからこそ「ダイバーシティ教育」のようなものが必要とされているのだろうし、そういうものが根づきやすい環境がもともとあったのかもしれない。

いや、というかそれ以前に、本来、学校にはいろんな場所があっていいはずだ。小学校って意外に多様性がない。芸術で光る子や、理科で存在感を示す子、なぜか外国にルーツのある友だちのほうがしっくりくる日本人の子や、幼稚園の子の面倒を見るのが得意な子もいるだろうし、レッツの人たちが来ると輝き出す子だってきっといるはずなのに、運動に強い子が同時に勉強も強かったりして（すなわち無敵だったりして）、多様な場があるように見えて実際にはあまりなかったりする。自由に出入りできる空間も案外少ない。

いっぽう、レッツの出前授業の空間は、大の大人が「いたいようにいる」のだ。働いて金を稼いで社会に貢献しなければいけないと思われている大人たちが、寝っころがってたり、ひたすらジャンプしていたり、憂鬱な表情をしていたり、紙をちぎっていたりする。そこには、すでに「自由のお手本」がいる。

いきなり空っぽの部屋に入れられて「自由にしていいよ」といわれてなにかをできる子どもたちはいないだろう。お手本がいて、お手本がほんとうに自由にしているからこそ、「大人たちだってこうなんだから、これでいいんだな」と安心できる。「ああぼくもこうしたかったんだ」と居心地のよさを感じる子もいるはずだ。言葉にできなくても、なにかしら受け取ったという子もいただろう。もちろんそうじゃなくてもいいし、とくになにも感じなくてもいいのだけれど、そういう余白のある場所が学校にあるというのは、やはり豊かだなと思わずにいられない。

ぼくもなんだか安心感があった。レッツの大人たちに「自分」を見出すことができたからかもしれない。子どもたちのワイワイする声を聞いたらぼくだってリョウガくんみたいに楽しくなるし、知らない人たちの会合に出たら平子くんみたいに端のほうに座ってるほかない。「その気持ちはすげえわかるわ」とか「おれもマジでそうしたかった」とかいう感情が湧き出てくるのだ。彼らがいたいようにいてくれるから「ぼくもここにいていいんだ」と無条件に許されているような気がするんだな、きっと。児童たちも、おなじように感じているんじゃないかな。

もうひとつ印象に残っているのが、この出前授業が、いっしょに歌を歌うとか、なにかをいっしょにつくるとか、そういうことを一切していないことだった。じつに「障害者との交流イベント」っぽくないのである。「障害のある人／障害者を受け入れる子どもたち」という構図をつくらず、「たまたまそこにいっしょになっている」だけ。べつに小学生が歓迎式をする必要も、利用者が体を張ってなにかを披露する必要もない。ふつうに、おなじ空間に、いっしょに、いる。それだけでいいのだった。弱者の思いを代弁するわけでも、弱き者として庇護しようというのでもない。そういう意図や目的を離れた場所だからこそ、参加者それぞれの「表現未満、」に近づけるチャンスがあるということなのかもしれない。

けれども、そこにあったのはポジティブな居心地のよさだけではない。むき出しの個性にふれる場だからこそ、「ただいっしょにいること」の難しさも存在していた。いったいこの人たちはなんなんだろう、なにをどうしたらいいんだろうという困惑や疑問や衝撃を感じた児童も多かったはずだ。

居心地がいいようで難しい。バラバラなんだけれど場が成立していて、カオスなんだけれど居心地は悪くない。なにをしてもいいよといわれるけれど、なにもできないことだって起こりうるし、コントロールされない自由の心地よさもあれば、それゆえの不安定さも同居している。つまりこの出前授業は、なんというか、ものすごくアンビバレントなのである。たぶん、その説明の難しさこそがレッツの醍醐味だ。

そういえば、以前、この出前授業と似た体験をしたのを思い出した。いわきで参加した、とあるアーティスト集団の企画だ。いわきの文化や歴史を深層から掘り起こしたその企画は、大胆な仮説と妄想、空間構成力が遺憾なく発揮され、ぼくは大きな衝撃を受けた。正直、地域を見る目がまるっきり変わってしまったほどだ。

彼らの企画は、いわきの魅力を示してくれているように見えたいっぽうで、いわき市民のぼくがほとんどいわきの文化を理解していなかったことや、いわき市民がその豊かな文化を放棄しかけていたこと、震災復興の失敗の側面を痛烈に提示していた。つまり、社会に対する鋭い「批評」が存在していたのだ。今回のレッツの出前教室は、それを思い出させた。

どういうことだろう。今回の出前授業は、小学校という場を活用して子どもたちと障害のある人たちを巻き込み、地域のポテンシャルを引き出して豊かな空間をつくるいっぽうで、その空間の豊かさが、かえって既存の学校教育の多様性のなさ、画一的な空間設計に批評の光をあてていた。レッツの取り組みはいつもそう。つねに現状の教育・福祉への批評が立ち現れてしまう。

さらに、レッツの人たち（スタッフも利用者も含む）と校長先生、児童たちがある種の「共犯関係」をつくっているというのもまた、とてもアート的だと思った。だれかがなにかを提供し、それを受け取るという一方通行のサービスなのではない。観客や参加者がいてはじめて成立する芸術作品とおなじように、みんなが「共犯者」になってしまうのだ。

それでいて、レッツのスタッフのみなさんに、押しつけがましい意図や狙い、これ見よがしな企画力のようなものが感じられないのがいい。レッツのみなさんは、つねに悩みながら、迷いながら取り組んでいる。「これが最先端のダイバーシティ教育だ！」みたいなスカッとする解も存在しない。だからいつもモヤモヤとした問いが生まれて、その場に立ち会った人も考えなくちゃいけなくなる。そういう「問いが生まれる」ところも、ぼくが体験してきたアートプロジェクトと共通している。

福祉事業所は文化施設である

今回の観光では、もうひとつ「出前授業」があった。2日目の午後、連尺町からそう遠くない場所にある静岡文化芸術大学で文化政策を教えている中村美帆先生の講義に、翠さんと恋愛妄想詩人のムラキングが参加するというものだった。学生たちは、まず、ムラキングの作詩ワークショップに臨み、翠さんの1時間ほどの講演に耳を傾けた。

講義には、カワちゃん、こっちゃん、ケンくん、そしてオガちゃんも出席した。オガちゃんはたくさんの人がいる場所が苦手なので教室には入らず、スタッフの高林さんを連れて大学内を散歩していたそうだ。途中から完全に姿が見えなくなったので帰ったのかと思っていたら、高林さんから電話が来て、「オガちゃんはリケンさんたちと帰りたいみたいで、待ってるといってます」とのこと。いやあオガちゃん優しいなあと思って、授業が終わったあとオガちゃんとすこし散歩しようということになったのだが、これが失敗だった（笑）。

校内をくまなく歩いた挙句、階段で12階まで上ることになりガチで疲れ果てた。「オガちゃん、疲れたよ」というと、ニヤリとものすごく不敵な顔をして走り出そうとする。オガちゃんはぼくが疲れているのをちゃんと知っていて、そこで走りはじめたらネタとしておもしろいというのをわかっているのだ。「おいオガちゃん勘弁してくれ」といってもニヤニヤしながら「えええ？疲れちゃったのぉ？」なんて聞いてきて、また走りはじめるのだ。あいつめ。

ぼくはオガちゃんに遊ばれていたのかもしれない。いや、オガちゃんはそうして遊ぶことでぼくを歓迎してくれたのかもしれないし、友だちとして認識してくれたのかもしれない。オガちゃんにも説明は難しいだろうから勝手に解釈するしかない。いずれにしても、なんというか、あの悪ふざけした顔は、「支援する人／される人」という関係でも「障害者／健常者」という関係でもなく友人同士という関係に近かったと思う。

ぼくは「同伴者」からたしかに一線を越えた。大学側に迷惑をかけてはいけないとか、オガちゃんになにかあったら大変だから見張ろうという立場を超えて、どこかのタイミングで、オガちゃんといっしょに行けるところまで行ってみよう、教授室にも侵入しちゃおう、びっくりさせてやろうとか思って、オガちゃんの誘いに乗ったのだった。つまりぼくはここで「共犯者」になった。それは、いま思い返してもどこか痛快で、爽やかな風を心の中に吹かせてくれる。

　さて、大学の講義のことを振り返っておこう。授業は、まずムラキングの作詩ワークショップからはじまった。ムラキングが参加者にひとつだけ質問をして、その答えから妄想を膨らませて詩を書くというものだ。妄想を得意とするムラキングの手にかかれば、たったひとつの言葉からでもたちどころに言葉が紡がれていく。言葉に魅了され、言葉に取り憑かれ、心をすり減らしながらも言葉を出さずにいられない男、ムラキング。そのパフォーマンスを目の当たりにした学生たちは、なにを思っただろうか。

　そのあと、翠さんから、レッツの成り立ちやこれまでの活動についてのレクチャーがあった。ぼくは以前にもおなじような講義を聞いているけれど、毎回心に残るポイントがちがったり、新しい発見があったりと、いつ聞いてもなにかしら刺激をもらう。ぼくの傍では、レッツのタレントたちがふざけあっていた。講義中ずっとゲラゲラしてる人、教室内を歩き回ったりする人もいた。カワちゃんにいたっては、興奮しすぎてしまい、なんとマイクを握って演説しちゃったりと、彼らはやはりカオスだった。学生たちはリアクションに困り果てている様子に見えた。

それにしても、芸術を学ぶ学生たちがレッツの取り組みを学ぶのは自然な流れだという気がする。芸術を学ぶ学生が福祉を学び、福祉を学ぶ学生がアートを学ぶようになったらいい。さっきも書いたけれど、ぼくにとって、レッツを観光することで得られるものと、アートを体験して得られるものには不思議な共通点がある。その共通点の最大のものが「なにかの捉え方が変わる」ということ。いままで見えなかったものが視界に入るようになったり、聞こえなかった音が聞こえるようになったり、隣人の捉え方、社会の見え方が変わったりする。そういう、体験する前後で人間が入れ替わってしまうような体験をもたらしてくれるという意味で、障害とアートの距離はぼくの中でさほど離れていない。

もちろん障害やアートだけでなく、演劇やツアーも、それを体験した人間に大きな変容をもたらしてくれるし、「なにかの捉え方が変わる」体験をいえば、ぼくにとっては震災もそれも含まれるのかもしれない。それらの中でもっとも生身の他者とリアルタイムで向きあわざるを得ないのが障害福祉だ。しかも、障害者の福祉事業所の数の多さはアートギャラリーの比ではないし、障害者の事業所に遊びに行くのにチケットを買う必要はない。なにより自分にとって障害は、アートや演劇よりも圧倒的に近い距離に（たぶんぼくの中にも）ある。歳をとれば、いずれは否応なく障害者になっていくのだろうし。

だからぼくは、障害福祉というのは演劇やアートに先駆けて多くの人たちに開かれるべき「他者理解の扉」になるべきだと思っている。チケットを買う必要も、専門家と意見の応酬をする必要もなく、前提となるハイコンテクストな文脈もそう多くは必要とされない。それでいて圧倒的な他者と向きあう機会があり、ただ、目のまえの他者といっしょにいるだけで多くの問いが生まれ、自分を変えるような体験になる可能性に満ちている。もちろん、彼らはぼくらの学びのためにこの世にいるわけではないというのは百も承知だけれど。

浜松市には、レッツがあり、佐鳴台小学校があって静岡文化芸術大学もある。人口も多く、多様なバックボーンを持った人たちが住んでいる。その土地柄を活かして、静岡文化芸術大学の学生には狭義の「アート」に止まらない幅広い活動をして欲しいと思ったし、レッツの醸し出す「わけのわからなさ」にしっかり向きあって欲しいと思った。美術を学んだ福祉人材、福祉を学んだ美術人材が浜松から生まれたらいいな。

さて、講義のあとの顛末はすでに書いた通り。オガちゃんに引き回されてすっかり疲れ切ってしまったわけだけれど、思えば、ぼくはオガちゃんに出会って障害に対する印象がガラリと変わってしまった。つまりオガちゃんは他者を変えてしまう力を持った立派なアーティストといえるかもしれない。ぼくは、そんな友人ができたことをとても誇らしく思っている。

13

いっしょにいる、ともに流れる

10月の訪問の2日目。ちょうど、静岡文化芸術大学の講義を終えてみんなで車で戻ってきたあとだった。些細なことからちょっとしたトラブルが起きた。ひとりの利用者がなにかに腹を立てて怒りはじめたのだ。スタッフがそれをなだめようとしたのだが、たったひとりの不機嫌が周囲につぎつぎに伝わり、またべつの人が腹を立てて椅子を蹴ったり、またべつの人がイライラしはじめたりと、止められなくなった。いつもは穏やかな空気が流れているたけぶんが、突如険悪なムードに包まれた。なんとかスタッフが対処して数人をなだめ、送迎車に乗せてことなきを得たものの、室内にはイライラの余韻が残り、利用者の中には、家に帰ろうという気すら起きず呆然としてしまった人や、怒りが収まらないという感じの人もいた。

事態を見守るしかなかったぼくは、速まる鼓動を感じつつ、自分を落ち着けるようにして、そばにいたカワちゃんに「気にするな、大丈夫だ」と声をかけ、肩を叩いてなだめることくらいしかできなかった。レッツを訪問するようになってもう半年以上になるけれど、ぼくにとっては、これがはじめての「騒動」だった。

些細なことで怒って豹変したようになってしまい、それがなかなか切り替えられない。それもまた彼らなのだと思った。けれど、不思議と「障害があるからだ」とは思わなかった。彼らの普段の姿を見ているからかもしれない。いや、「普段の姿とそうでない姿」というふうに区別してしまうのもよくない。どちらも彼らであり、どちらもあって個人なんだよなと思い直した。もしかしたら、こういうことはしばしば起こり得ることなのかもしれない。それを薬で抑えようとしたり、訓練してコントロールしたりしようとすれば、安全に管理できるかもしれないけれど、その人のいい部分も抑えてしまうことになるのだろうか。もちろん、苦しさが大きければ投薬は必要であり医療が介入すべきなのは承知だが。けれどもレッツは、利用者の表現を守ろうという法人だ。特別な訓練をすることなく、過度に管理することなく、その人が「いたいようにいられる」空間をつくろうとしてきた。

表現とは、「それがしたい」という内なる欲求から生まれてくる、極めて内発的なものだ。そして、その「たい（欲求）」の根っこには、形として現れるまえの原初的ななにかがある気がする。たとえていうなら「表現の水源」みたいなものが、だ。

水源は地下にあるからぼくたちには見えない。水源から流れてくる水がどのように表に出てくるかもわからない。その流れは、本人の特性だけでなく周囲の環境にも影響される。ハッピーなせせらぎとして出てくるかもしれないし、濁流として出てくるかもしれない。水流が表に出てきたときに周囲の人間にできることは、いっしょに流れることだけかもしれないなと、この日の騒動を見て思った。もちろんその流れが理不尽なものであれば、スタッフだって「もうやめてくれよー」みたいに感情的になってしまう場合もあるだろう。

この日の騒動に対応していたスタッフのみなさんは、起こってしまったことを否定せず、とりあえずいっしょに流れてみて、すこしずつその流れを変えていくことに心を砕いているように見えた。それを見てぼくは、レッツの支援とはまるで「治水事業」みたいだなと思った。その治水事業は、コンクリートの堤防で固めるのでも、強靭なダムをつくって制御するのでもない。川の周囲にある動植物の生態系を整えたり、川と人との関わりを増やしたり、そうして周囲の環境を整えることで海までの流れをつくり、トータルで「減災」していくような感じなのだ。暴れ川でも、川はいじらない。整えるのはあくまで環境のほう。

いままでは、なんとなく過激な企画や表現行為こそ「レッツらしい」と感じていた。けれどこの日の騒動を見て、レッツの活動の真髄は、派手なアクションのほうではなく、むしろ慎重に組み立てられている日常の環境整備のほうにあるのかもしれないと思った。

ぼくにもある困難

水源が守られてこそ川は生まれる。水源は、だれも侵すことのできない領域だ。そしてその源には汚れなき水が存在している。障害者だろうと健常者だろうと水に変わりはない。流れ方はちがうけれど、流れているのは、水である。

ぼくにも水は流れている。その水は海に至るまでにしばしば暴れる。ぼくもイライラを我慢できないタイプだ。顔に出るし、気にさわることが起きるとモノに八つ当たりしてしまう。若いころはうまく感情をセーブできず、ケータイやメガネを破壊したことがなんどもある。いまでは多少は自分で流れを制御できるようになったけれど、基本的な水質は変わらない。だから、レッツのメンバーを見て「なにやってんだバカヤロー」とはいえない。

怒りが爆発してしまったさっきの彼は、かつてのぼくのように、自分で自分の流れを制御できなかっただけだ。しかも彼らは、自分で自分の気持ちをうまく言葉で表現することができない。そのもどかしさゆえに水を溢れさせることしかできないのかもしれない。自分で修復工事をすることも難しい。いったん溢れてしまったら、応急工事を受け入れながら、溢れ出る水が収まるのを待つしかない。

いっぽう、ぼくは言葉で説明できるのである。ケータイを投げつけ、メガネを破壊するだけでなく、言葉でも悪態をつくわけだから控えめにいって最悪だ。言葉を持っているからこそむちゃくちゃ始末が悪い。そういうぼくは果たして「健常者」なのだろうか、彼らの「障害」とはなんだろうかと考え込んでしまった。

レッツに来るようになってから、健常者と障害者の「ちがい」ではなく「共通点」のほう、「ぼくもおなじなのでは？」と感じることのほうが圧倒的に多いことに、いまさらながら気づいた。いつもブツブツなにかをつぶやいている人にも、ずっと室内を徘徊している人にも、「こいつ変だな」と思うことはほとんどなくて、むしろ、彼らのどこかに自分と似たものを見出してしまうのだ。彼らと時間をともにしていると、思わず「それな！」と共感することがある。健常と障害の境界線はじつに曖昧だ。

たとえば、リョウガくんはいつも説明のつかない言語を声に出している。「おーうぇいん！」「うぇーーむ！」「ましけめーーん！」といった感じに。ぼくはちょくちょくそれを真似する。いつもリョウガくんがさきに発声してからぼくも真似するのだが、慣れてくるとその繰り返しをあらかじめ予測しておなじタイミングで発声できることがある。ふたり揃って「ましけめーーん！」とユニゾンが決まったときなどは絶妙に気持ちがいい。

レッツにやってきた「観光客」と遊びはじめたリョウガくん

カワちゃんがゲップをしてゲラゲラ笑っているときはぼくもゲップするし（この件ではレッツのみなさんに迷惑をかけまくっている）、こっちゃんが童謡を歌ったときには心の中で歌を歌うし、ぼんやりと外を眺めているときはぼくも眺めてみる。おなじことをして、そこはかとなく「共事」してみるわけだ。すると、なんとなく、その人に近づけた気がする。ぼくも「それでいいよ」と許され、受け入れてもらっている気がするのだった。

歌っている？　歌わされている？

レッツのだれかといっしょに歌を歌う。それは一見すると健常者が障害者のために「歌ってあげている」ように見えるだろう。けれど、いっしょに歌を歌っていると、歌を歌いたかったのは彼ではなく、じつはぼくのほうで、その彼は、ぼくが歌を歌えるように先導してくれていたのではないかと思うことがよくある。彼らの歌を聴いていると「だよな、いま、歌を歌いたかったよな、さきに歌ってくれたおかげでおれも歌えたよ」と妙に納得してしまったり、「おまえも歌っていいんだぞ」といわれているような気がして、思わず歌を口ずさんだりしてしまうのだ。

ぼくが歌いはじめると、彼らの繰り返しがすこし変わることがある。ぼくをさわってくれたり、目を見てくれたりすることもある。もしかしたら、彼らだって、ぼくがいることで絶妙に影響を受けているのではないか。ちょっと音階を変えたり、抑揚をつけたりしているのも、ぼくがいるからではないか。そうなると、彼が歌っているのか、ぼくが歌っているのか、ぼくは彼に歌わされているのか、彼がぼくに歌わされているのか、よくわからなくなる。もはやどちらが主体的に歌っているのかが曖昧になるのだ。

その「歌」は、かたいっぽうが歌っているのではなく、彼とぼくの「そこに共事している」という関係がふたりに歌わせているとしかいいようがない。それは彼の歌であり、ぼくの歌でもある。いや、そのどちらでもない、とても曖昧な、帰属の難しいものになってしまうのだ。

おそらく、無目的な時間を過ごしているからこそ、そういう感情が芽生えるのだと思う。いまは訓練する時間、つぎは商品をつくる時間、そのつぎはなにかを組み立てる時間、そうやって目的を決めてしまうと、明確に「管理する／される」関係をつくってしまう。この場所が「ただ、そこにいていい」という場所だからこそ、おたがいが影響しあい、「する／される」という関係がゆらいでしまうのだ。

この「する／される」の「ゆらぎ」を説明するために、すこし回り道してみよう。哲学者の國分功一郎さんは、著書『中動態の世界』（医学書院、２０１７年）の中で、「する」と「される」、すなわち「能動態」と「受動態」の外側にある「中動態」という概念について複雑な考察を重ねている。この「中動態」が、さきほど書いた不思議な感覚、「する／される」の「ゆらぎ」を説明してくれている。あくまで哲学は門外漢のぼくの解釈、という条件つきだが、すこしこの「中動態」について考えてみたい。

ぼくたちは、自分たちの行動や、人と人との関わりを言葉で説明するとき、どうしても「文法」にとらわれてしまう。そのひとつが「態」のちがいだ。たとえば「支援する」という言葉を例にとると、能動態は「支援する」となり、受動態だと「支援される」となる。「支援する」と「支援される」、ここにどんなちがいを感じるだろう。「する」側に、明確な意思があるように思えないだろうか。慣れ親しんだ「能動態と受動態」という対立関係から、どうやらぼくたちは意思や責任のイメージを勝手に汲み取ってしまうのだ。

けれども、レッツの支援は、強い意思を明確に持って支援しているわけでも、逆に強制されているわけでもない。そこには、「結果として支援が成立してしまっている状態」や、「支援しているのだかされているのだかわからない状態」がたびたび出現する。「する／される」という言葉の二分法では、その状態をうまく説明できないのだ。

國分さんはこの本で、かつてインド=ヨーロッパ語族の諸言語に存在していた「中動態」という態を持ち出す。ぼくが慣れている「能動態／受動態」は、じつはあとになってから登場したもので、本来は、「能動態／中動態」の対立だったのだという。

では、能動態と中動態のちがいはなんだろう。能動態は、主語から「外」に向けて行われるもの。つまり行為を起こした結果、自分ではなくて他者が変容するものを指す。これに対して中動態は、主語から「内」に向けて行われるもの。つまり動作主がその過程の内側にあることが示されている態である。

本の中では、能動態の動詞として「曲げる」や「与える」が例示されている。「私が曲げる」だと、曲げるという行為をするのは私だが、それによって曲げられるのはべつの物体だ。たしかに自分の動作は外に向けて行われている。これに対して中動態として挙げられているのが「生まれる」「想像する」「寝ている」といったものだ。「私が想像する」だと、その想像するという動作は、たしかにそのまま自分の状況に還元されている。これが中動態である。

つまり「中動態」が機能していた時代、動作を表す言葉は、あくまでその出来事・状況を描写していたにすぎなかった。あとの時代になって「能動／受動」が生まれ、「だれがそれをしたのか」という「意思」が導入されたというわけだ。「能動／受動」は、その動作によって生まれた成果や責任はだれのものなのかを問うてしまう。社会が発展するにつれ、行為者の意思や責任の所在を明確にするために必要とされたのだろうか。ぼくたちは、いまなお、そんな「能動／受動」の世界に生きている。

それを踏まえたうえで、もう1度考えてみたい。ちょっとまえの文章で、ぼくは「たい支援」という言葉を使ってプールに入ったときの話をした。「支援」という言葉を使うと、あたかも支援する側と、それを受け取って支援される側をイメージしてしまう。なぜなら、さきほど考えたように「支援」は、現代の「能動／受動」の関係に引きずられて、「支援する／される」の関係から抜け出すことができないからだ。けれども、この「たい支援」というのは、支援という言葉を使っているのに、いっしょにいることや想像することが支援になってしまうのである。そして、そのような支援だからこそ、「結果として支援が成立してしまっている状態」や、「支援しているのだかされているのだかわからない状態」をつくり出す。

鍵になるのが「中動態」だ。「いっしょにいる」や「想像する」は、行為の対象が自分に向けられた中動態の言葉だといえる。つまりレッツは、本来は利用者のために行う能動態的な支援業務の中に、自分に向けられた中動態的行為を採用していると解釈できる。そもそも福祉の場にはつねに責任がつきまとう。だれが、なんのために、だれの責任において、それをやるのかを明白にしなければならない。けれども、責任を持ち出すほど、福祉は「能動／受動」の世界観に引きずられて一方通行になってしまう。

だからこそ、レッツはちがう方向を目指す。トイレや食事の介助など「能動態の支援」だけでなく、「いっしょにいる」、「考える」、「想像する」というような「中動態的な支援」も積極的に取り入れるのだ。そこで大事なのは「いっしょにやれるようにスタッフ自身も楽しめるやり方を考える」ことだろう。スタッフが楽しくなければいっしょにいられず、「相手のためにすること」になってしまうからだ。だからこそ、レッツのスタッフは、いつだっていっしょに楽しもうとする。プールをだれよりも楽しんでいた佐藤さんがまさにそうだ。そうして一方通行の支援から離れることで、日々の支援の場に「中動態的支援」をつくり出そうとする。それがレッツの支援の醍醐味だとぼくは感じている。

「たい支援」とは、利用者の「たい」を支援することでもあるのだが、じつは、スタッフ自身の「たい支援」でもあったわけだ。クソ暑い夏にプールに入りたいのは利用者もスタッフもおなじだ。自分もプールに入りたい。きっと利用者だってプールに入りたいよねって、そうして相手の「たい」と、自分の「たい」をできるだけ近づける。そうすると、その支援は「する／される」がゆらいでいき、「いっしょに、いたいようにいる」という場が成立する。「支援者／利用者」という関係を逸脱して「共犯関係」を築いてはじめて、支援は「中動態的」になるということなのではないだろうか。

14

「表現未満、」は
なぜか
社会に広がる

まえの文章で、「人間にはだれしも表現として表出されるまえの水源みたいなものがある」と書いた。でも、心の奥の深いところにあるものってなんだろう。確認のしようがないじゃん。どうやってそれを理解すればいいんだ。こんな抽象的な言葉じゃわからねえじゃん……と反省していたころ、ちょうど折よく、その疑問について考えるヒントを、たけぶんで開催されたトークイベントで見つけることができた。レッツは、定期的に各界の研究者やアーティストなどを招いたトークイベントを開催している。今回は、早稲田大学文学学術院の細馬宏通《ほそまひろみち》さんがゲストであった。ここでは、その話を書いてみようと思う。

その日、細馬先生は、レッツのスタッフが撮影した「表現未満、」に関する映像をいくつか参照しながら、レッツの利用者や、それに呼応するスタッフの「行動」を詳細に分解していき、その動作の持つ意味や、そこからどのような解釈が可能かを解説してくれた。

一例を出そう。レッツの利用者とスタッフの佐藤さんが延々とじゃんけんをしている映像がある。佐藤さんは道を通せんぼしていて、利用者はじゃんけんをして勝たないとそこを通れない。

佐藤さんはそこで必ず勝つように「あと出し」して門番をするのだけれど、利用者はあと出しされているのに気がつかず、なんで負けちゃうんだと不思議がる。いくらやっても勝てない。けれども、回数を重ねると利用者のほうが微妙に適応していき、最後はその「あと出し」を突破して佐藤さんに勝ってしまう、という映像だった。

細馬先生は、じゃんけんが繰り出される動作を繰り返し見ながら、いったいどのタイミングで「グー・チョキ・パー」が形成されるのか、そのとき目線はどこを向いているのか、どのタイミングで動きが適応していくのかなど、じゃんけんの「動き」を分解していった。

思えば「じゃんけんがどう成立しているのか」なんてことを、ぼくはこれまで考えたこともなかった。じゃんけんとは無意識に繰り出されているようでありながら、その行動様式はおのおので異なり、極めて個人的な行為であること、そして、その個人的な行為を、ある種即興的に繰り出すことで、「じゃんけん」が「ふたりのセッション」になっていることを再確認できた。なぜそういう動きになるのか。なぜそういう行動をするのか。その動きをほかの動きに代替することはできるのか。そんなふうに行動や身体を問うていくと、彼らの心の奥底にある水源のようなものがわかるような気がしている。

どういうことかと言うと、ぼくたちの「あたりまえの行動」は、あたりまえ「ではない」ということだ。だって、じゃんけんですらこれほど複雑なのだ。とくに「障害」の世界から行動を見てみることで、「あたりまえのあたりまえでなさ」は顕著になる。食べること、排泄すること、移動すること、そのほかいろいろ。ぼくたちが普段意識しない「あたりまえの行動」は、「あたりまえ」ではなかった。しかも、ぼくらの「あたりまえ」は、彼らにとっては困難になり得る。そしてその困難ゆえに「我流」の動きが生まれたりする。突拍子もないこだわりや、ほかのだれともちがう行動が生まれたりもする。その「我流」を見たとき、健常者とされる側の常識からすると、「なんで食べることすらできないのだろう」とか、「汚い食べ方だ」とか、「マナーがなっていない」というように思えてしまう。けれどもそこには意味がある。

ぼくたちは常識を振りかざす。けれども、その常識——食べること、排泄すること、移動するといった「あたりまえの動作」——が、どのように成立しているのかをそもそも考えない。そのくせ、一方的に「変だ」とか「おかしい」とかいってしまう。その矛盾を、あらためて突きつけられた気がした。

細馬先生のアプローチはちがった。さまざまな行為・行動を丁寧に分解し、小さなパーツに腑分けし、おなじテーブルのうえにバラバラッと載せて見せてくれる。それによって、ぼくたちの「常識」や「健常」や「障害」といったレッテルがいったん外され、等しく多様な行動としてフラットに捉え直す視座を与えてくれるのだ。その視点で見てみると、突飛に思える行動にも意味や意図があるかもしれないこと、ぼくたちの「あたりまえ」がじつは揺らいでいること、「正しい行動」なんてじつはないのかもしれない、といったようなことも見えてくる。

それだけではない。ある行為が、明確な意思のもと行われているのではなくて、おたがいに影響しあって、まさに「セッション」のように繰り出されていることも見えてくる。グーを出しているのか、グーを出させられているのか、判別の難しい空間でじゃんけんが成り立っていることも見えてきた。ぼくらの無意識の行動にしつこくこびりついている「あたりまえ」や、その行動になんらかの「意思」を見出そうとしてしまうことが、だれかの困難をつくっているのかもしれない。

こうした気づきや学び、それを共有する場は、どれも「表現未満、」という言葉からはじまっている。あらためて、そのすごさを思う。レッツの人たちが、「表現未満、」を掲げなければ、利用者の行動や動作をおもしろがるチャンネルは生まれない。「表現未満、」という概念が、さらなる深い思索や、多様な専門家たちの参画につながっているのだ。

「表現未満、」は、再帰し、拡散する

障害のある人たちとともに過ごし、観察したり、「事を共に」したり、行動を分解していったり、スタッフからいろいろな話を聞くうちに、彼らのこだわりやどうしようもなさの根源にふれ、彼らをすこしだけ深く理解できるようになる。それがよりよい支援にもつながる。と、そこまではふつうの話かもしれない。レッツに関わっていてなによりおもしろいのは、それが「自分を知ろうとすること」につながることだ。

なぜかはわからない。レッツのメンバーを理解しようとすることは、自分を理解しようとすることにつながり、そしてその「自分を理解しようとすること」を通じて、その思考がいま1度、他者や社会に向けて拡散されてしまうのである。

「表現未満、」とは、ややもすると「個人の内面（水源のようなもの）」にふれようという、極めて「内向き」なアプローチに見える。いっぽう、法人としてのレッツは、その学びの場を「外向き」にオープンにしようとしているし、そこで得られる知見も社会に開こうとする。そこには、「個人」と「社会」の往復が生まれる。そのあいだに「自分」もある。他者を理解しようということ、自分を理解しようということ、社会を理解しようということは、切ろうとしても切れない。

おたがいに影響しあっているのだ。

だとするならば、「自分」とはなんだろうか。「他者」とはなにで、「自分の考え」とか「自分の行動」とはなんだろうか。はたして、だれかと切り離された確固たる「自分」なんて存在するのだろうか。自分だけが到達して自己決定された「自分」なんてものがあるのだろうか。やはり、おたがいが影響しあっているとしかいえないのではないか、なんて気もしてくる。レッツに来ると「じぶん」が揺らいでしまうのだ。

15

オガ台車は問いかける

新しい年がはじまった。令和2年の1月末である。前回の観光からかなり時間が空いてしまったが、なんだかんだで、月に1回ずつ通ってきている場所だけあって、浜松駅にも以前ほどアウェイ感を抱かなくなった。地元のいわき市以外で、もっとも頻繁に訪れているのが浜松。以前に比べると、ぐっと距離が縮まった気がする。

が、今回の訪問はいつもとはわけがちがった。スタッフのみなさんが大事な研修で勤務に入れないから、リケンさん、もしよければお手伝いにいらっしゃいませんか、と話をされていたからだ。よっしゃ、とぼくは心の中で思っていた。これまでは観光客的なスタンスでふらっと関わってきたが、ぼくも役に立つということをそろそろみなさんにわかってもらわねば。そのためには、ククク、今回の研修はチャンスだとワクワクしていたのだ。

ところが、さすがはレッツ。研修に行くスタッフがいても支援に穴はつくらない。ぼくはほとんど仕事を手伝うこともなく、相も変わらず、いつものように「そこにいる」だけであった。

まず、スタッフの水越さんが運転する車に同乗させてもらった。車に乗ってくるのは巨漢の男ばかりだ（ちなみにぼくも含まれる）。アクセルを踏み込んでエンジンをブォンとふかさないとまえに進まない。3人目に、最重量の太田くんが乗ってきた。太田くんには重い知的障害がある。発話はしない。動きもテキパキとはいかない。けれども、世界とのふれあい方が独特で、気になるものがあると、すっと手を伸ばして指でさわる。そして、そこに唇をつけたり、指の匂いを嗅いでみたりする。なんだかぼくたちよりもじっくりと世界を楽しんでいるように見える。太田くんは、たけぶんでよく昼寝をしている。なまけているわけではなく、夜になっても寝つけず、目が覚めてしまうからだそうだ。寝ているときに太田くんの腹肉をよくさわる。ポヨポヨしていてさわり心地がいい。ぼくは、そんなコミュニケーションを通じて、太田くんとすっかり仲よしになったと思っていた。

が、そのはずの太田くんと車の中でちょっとした騒動（かなり個人的だけど）があった。太田くんが車に乗ってきたとき、「おお、太田くん久しぶりだな」と、なれなれしく膝のあたりをさすってみたのだが、意外にも太田くんは「おまえ、なにさわってんの？」ってな感じで、膝を自分のほうにすっと下げ、「んっ！」とぼくのほうを睨みつけたのだった。

肌にふれる。ぼくは、肌にふれることを通じて、親密さを押しつけてきてしまったのかもしれないと思った。さわる。肌にふれる。そんな行為を、ぼくたちは親密さの象徴だと考えてしまう。距離を簡単に超えたかのように振る舞いがちだ。けれど、「肌にふれる」というのは、やっぱり一線を越えることでもある。信頼があってはじめて成り立つものだ。それはべつに福祉に限った話ではなく、あちこちになれなれしくさわってくるやつはいる（それは自分かもしれないけど）。そしてそれを受け止めることが社会人だとか思ってしまいがちだけれど、それってやっぱりものすごく敏感なものだよなあと、自分のこれまでの振る舞いを反省したのだった。

こんなふうに、レッツのみんながストレートに感情を表してくれるから、ぼくらが陥りがちな「健常者の側の常識」みたいなものを疑うきっかけが生まれる。自分のこれまでの行いやコミュニケーションの問題を、すこし自省的に考える機会を与えてくれるのだ。太田くん、ごめんな。

でも、たけぶんに到着したあと、太田くんはひとしきり自分の体（股間も含まれていた気もする）をこすったその手でぼくの顔をさわってきた。さっきまで「肌にふれることの難しさ」をまじめに考えていたぼくをあざ笑うかのようだった。太田くん、その手、さっき股間をさわってたよな。手、洗ったのかよ。まあ、ぼくのほうも「ヒゲさわってみ」みたいな感じで近づいていったので、太田くんはもしかしたら気をつかってさわってくれたのかもしれない。

こんなふうに、まじめに考えるきっかけを与えてくれるが、すぐにそれが裏切られて、考えることの意味のなさみたいなものまで教えられるということがレッツではよく起きる。「おまえらの都合のいいように学びの場にされてたまるかよ」という太田くんの声が聞こえてくるようだ。

太田くんはよく寝る。平和そのものだ

鬼のゲップリクエスト

送迎から戻り、スタッフの夏目さんと水越さんと打ちあわせをし、昼ご飯を食べたところで、今度は佐藤さんの運転する車で、入野の「のヴぁ公」へと向かった。車の中には、さっきまで2階の音楽部屋でドラムをぶっ叩きまくっていてたオガちゃんと、普段はのヴぁ公に通ってくるあみちゃんがいっしょだった。佐藤さんとじっくり話をしたかったのだけど、あみちゃんとはカメラをいじり、オガちゃんとはゲップをしたりしてふざけていた。

ここのところオガちゃんは、ぼくを見ても「あれ、おまえ、だれだったっけ?」みたいな感じでよそよそしかったのだが、ゲップをすると「おおお、リケンちゃんじゃん!」みたいな感じですぐに思い出してくれるようになっていた。「ゲップの兄貴」として覚えられているのかもしれない。ただ、1回でもゲップをしちゃったら、そこから数時間は鬼のゲップリクエストに応え続けなければならなくなる。ゲップのやり方は詳しくは書かないが、喉と胃に負担がかかるのだ。できることならやりたくない。だからぼくのことはべつに思い出してもらわなくてもいいのだけど、それはそれで寂しいから、ぼくはいつもゲップをしてしまう。

とにかくいい日だった。日向なら、ほとんどシャツ1枚でいいくらいだ。しばらくまったりと日向ぼっこを決め込む。オガちゃんは毎度のように室内に入るそぶりなく、外でぼくのカメラをいじっていた。さすがメカに強いオガちゃん、とても勘がいい。要領よく撮影方法を理解すると、ぼくやスタッフの佐藤さん、水越さんの写真を撮りはじめた。

カメラでひとしきり遊んだあとはユーチューブ鑑賞だ。ドラムの効いたダンスミュージックやヒップホップのスクラッチＤＪの映像を見る。オガちゃんは「すごいねえ」と感動しきりだ。ほとんどそこに支援はない。構える必要もないし、いっしょに遊んでればいい。そういう向きあい方でいいんだな。そんなことを最初に教えてくれたのは、思えばオガちゃんであった。

オガちゃんは、よく肩を揉んでくれる。ちょうどいい力でツボに入ったときは、こいつマジで何者なの？　マッサージ師？　と思うくらい気持ちがいい。だからすこし甘えて「オガちゃんここを揉んでくれ」と肩を向けると、オガちゃんはなにをすべきかをわかっていて、渾身の馬鹿力で関節やら筋やらを揉んでくるのだった。ウギャアとぼくが声をあげると、オガちゃんはすごく楽しそうにゲラゲラ笑いながら「いいでしょー？　うまいよねえ」とかいってぼくを指差してからかう。わかってるよなあ、こいつは！

たしかに、オガちゃんはよく固まる。「知的障害者」とカテゴライズされてもいる。得意じゃないこともたくさんある。けれど、いっしょに遊んでいると、目のまえのオガちゃんを「障害者」とは思わない。むしろ、ものすごくふざけたヤツなので「おまえｗ　なにやってんだよ！」とシンプルにツッコミを入れたくなる。必要なのは支援じゃない。いっしょに遊ぶことだよなあといつも思う。

そんなオガちゃんの最高の魅力といえば、旺盛なサービス精神だ。外からお客さんが来ると、自分のつくったものを見せてくれることがある。そのひとつが「オガ台車」。ぼくは幸運にも、今回の訪問で、この「オガ台車」を見せてもらった。

オガ台車。それは、このレッツで語り継がれる伝説的パフォーマンスのひとつ。台車に大量の電化製品を積み込み、それを押して地域を練り歩くのだ。電化製品が好きで、なんでも持ち歩きたいオガちゃん。2メートルほどの高さまで積みあげられた電化製品とともに歩くオガちゃんの勇姿はレッツファンのあいだで伝説として語り継がれている。

オガちゃんは、さっきたけぶんから持ってきていたアンプを台車に載せはじめた。スタッフの佐藤さんは楽しそうに、悪巧みするような表情でオガちゃんのテンションを上げつつ、アンプ、大量のCDが入ったカバン、サボテン、パソコンのディスプレイ……やらなにやらを載せていく。

さあ行こうというときに、なぜかテンションが下がって固まってしまったオガちゃんだったが、気を取り直してさあ出発だ！

台車はゆく。空は青い。太い幹線道路を走る車のドライバーが、なにを運んでいるんだろうと興味深そうな顔を向けている。そんな好奇の目線を跳ね返し、いや、意にも介さず、台車はモリモリと進んでいく。少々の段差は苦にしない。ぼくはとても痛快だった。オガ台車は止まらない。台車といっしょに歩いていると、すべてをぶっ壊しながら、なにごとにだって突っ込んでいけるんじゃないかという気になってくる。風を切り裂く孤高の重戦車。もはやだれにも止められない！

が、だれにも止められないはずの重戦車がいきなり止まるのをぼくは知っている。その緊急停止のときがじわじわ近づいているのも知っている。ぼくがオガちゃんと「オガ散歩」するのはこれがはじめてではない。重戦車は止まるのだ。「ケーズデンキ」のまえで。

オガちゃんは電化製品が好きすぎる。とにかくケーズデンキに行きたい。スタッフの佐藤さんは、誘惑だらけのケーズに行ってしまったらオガちゃんをそこから引きはがすには数十倍の労力がかかることも知っている。だから「オガちゃん、ケーズに行かずに隣の小学校を回って帰ろう。小学生からいっぱいサインをもらえるよ」と提案する。佐藤さんも必死だ。

オガちゃんは、衆生のすべての罪を背負った聖人のような悩み深い表情になり、台車の脇に座り込んだ。ケーズに行きたくてたまらないのだ。けれど、のヴァ公に戻らなければいけないというのもわかっている。だからこそ耐えている。引き裂かれているのだった。

しばらく膠着が続いたあと、佐藤さんが折れた。あの手この手でケーズ行きの道を阻もうとしていた佐藤さんだったが、ひとまずケーズに向かい、そこにオガちゃんママに迎えに来てもらおうということになった。運よく、時刻はすでに午後3時半をすぎており、お母さんに迎えに来てもらうのに早すぎることはない。

わかったわかった、行こうか。お母さんに来てもらおう。根負けした佐藤さんがそう告げると、オガ台車は再び力を取り戻した。大きな段差を越えてケーズの敷地に入る。うおお、そのアンプを載せたまま電気屋行くのか！　明らかに怪しいぜ。でもそんなのは知ったことじゃない。オガ台車はだれにも止められないのだ、わかったか！

で、この台車、どうするんだろう。お母さんが迎えに来たらオガちゃんはその車に乗る。そのお母さんの対応は佐藤さんがしなければいけない。幸か不幸か、お母さんが到着するまでにはまだ時間がある。だれかがそのあいだに台車を持ち帰ってしまえば手っ取り早い。いったいだれが運んで帰るのだろう。ああ、ぼくか。そういうことか。今回はスタッフの意気込みでやってきた。

ぼ、ぼくが持ち帰らねばなるまい……。

おっ、重い。ぼくはできるだけ平静を装いながら、肩や腰を痛めながら、そのクッソ重い台車を押して帰った。オガちゃんはこんなものを押してきたのか。あいつ、すげえな。

台車を押して帰るのは、どこか痛快だった。台車とはなにかを運ぶものだ。「運搬」という目的があるからこそ台車は押される。けれどもオガちゃんは運ぶのではない。単純にもっと原初的ななにかに突き動かされている。押したいから押す。そういうことなんだ。

「なんでそんなことやってんの?」とか「それをやって意味あんの?」とか「それやってなにが生まれるの?」とか、ぼくらはなにかあるとすぐに意味や目的、価値ばかり考えてしまう。けれど、いま思う。意味なんてねえよ。押してえから押してんだよ!

そういう「意味」や「目的」や「価値」を超えたオガちゃんの行為は、だからこそ心を打つ。まあ勝手にぼくらが心打たれてるだけなんだけど。いやあ、ほんとうにすごい。芸術家オガちゃんの真骨頂だ。価値観が揺らぐ。グラグラだ。

時刻は、すでに午後4時になろうとしていた。陽の光の暖かさの中に、冬の夕暮れどきの冷たい風が混じりはじめている。のヴぁ公で送迎車を待ち、それに乗ってたけぶんに着くころには、ぼくはどんよりとした疲れを隠せなくなっていた。スタッフの夏目さんと佐々木さんに挨拶をして、宿泊場所になっていた3階のシェアハウスへと引っ込む。そしてささっとシャワーを浴び、コンビニで買ってきたメシを食らいながら、忘れないうちに、とパソコンを開いてレポートをまとめた。疲れて眠気がひどく、書き進められたのはたった400字ほどだった。夜8時。繁華街の喧騒を遠くに感じつつ、今夜は気持ちよく眠れそうだ。太田くん、オガちゃん、ありがとうな。

16

文化センターが開く当事者「性」

1月の訪問の2日目の朝。7時ごろだったろうか、膀胱がパンパンになっているのを感じて布団から起き上がり、自分にあてがわれた部屋の引き戸を開けると、すぐ隣の台所には女性がいて、部屋を掃除しているのが見えた。たけちゃんの夜間の世話を担当しているヘルパーの女性だ。

たけちゃんはいま、たけぶんの3階にあるシェアハウスで共同生活を送っている。家には帰らず、外部のステーションから派遣されてくるヘルパーの介助を受けつつ、風呂に入り、晩飯を食らい、寝て起きて、そして1階の「アルス・ノヴァ」に通所する。

たけちゃんだってもういい歳こいた大人なんだし、親から自立して一人暮らししてもいいんじゃね？　23、4歳っていったらさ、もう大学卒業して就職してるくらいの年だし、世の男子と同じように親元から離れて友人たちと馬鹿騒ぎしたいはず。友人やヘルパーさんたちの手を借りれば一人暮らしできないこともないはずだし、そのほうが、本来のたけちゃんらしさも発揮されるだろう。

と、まあ、そんな感じでたけちゃんの試験的自立生活がはじまったのだった（いや実際にはむちゃくちゃ深い議論からはじまっていて、その模様は「たけしと生活研究会」のプロジェクトのウェブサイトでもさまざまに書き綴られている）。

共同生活がはじまったのは２０１９年９月。なんだかんだで半年近い。生活に慣れつつあるたけちゃんは、あれやこれやはありつつも、たけちゃんなりにがんばっている。そのおかげで、母親である翠さんはたけちゃんの世話をつきっきりでする必要がなくなり、県外などに仕事で行けるようになった。ブログを見ると、いまではすこしだけ、本来やりたかったことができるようになってきたようだ。それは、実家から息子を送り出し、社会人として自立させて一安心した母の姿だとぼくは思う。

そんなわけで、この日の3階には、ぼくとたけちゃんとヘルパーさんがいた。そういえば、おぼろげながら、夜中に起きてしまったたけちゃんにご飯を食べさせているヘルパーさんの声を聞いた気がする。納豆ご飯がどうとかいってたっけ。そのときにちゃんと起きてトイレに行っておけばこんなに膀胱が膨れることもなかったわいと頭をボリボリしながら部屋の扉を開けた。

「あ、おはようございます。ここに泊まってた小松ですー、どうもー」

「すみません、昨日の夜中、起こしちゃってませんか？　壮くん、お腹すいちゃったみたいで、冷蔵庫開けはじめたので、ご飯つくって食べてたんですよ」

「いや、ほとんど寝てたんで大丈夫っす。ト、トイレ行ってきますー」

尿意に襲われていたとはいえ、いまのやり取りはちょっと愛想なかったなと反省したぼくは、軽やかにトイレを済ませると、「たけちゃん、昨晩はどんな感じだったんすか？」とヘルパーさんに声をかけた。

そのときは、ちょっとだけしゃべってすこし二度寝するつもりだった。というか、そもそもメガネもかけてないし髪もボサボサだった。ところが、はじまった会話は途切れることなく1時間以上続いた。ぼくも話したかったし、もしかしたら、ヘルパーさんも話したかったのかもしれない。そして、そこで話したことがむちゃくちゃよかった。忘れないうちに書きなぐっておく。

介助には観客が必要だ

「壮くん、成長したなって感じました」とヘルパーさんはいう。「夕方の担当の方から今日の壮くんは荒れてますよって聞いてたのに、ご飯もひとりでおとなしく食べてたし、私がやりはじめたころに比べて、意思もはっきりとしてきたし、安定してきた感じがするんですよ」

月に1度しか訪問してないぼくにとって、たけちゃんの成長は想像するほかないが、母親の庇護下から抜け出したことで、環境がむちゃくちゃ変わったことは想像に難くない。そこに順応すべく、いろいろなものが変化してきたのだろう。同時にヘルパーさんのほうも、コミュニケーションが難しいたけちゃんの要求をすこしずつ読み取れるようになったということなのだろう。順応したのはたけちゃんだけではないはずだ。

「こんな感じで重度の障害のある人が住むシェアハウスってどう思いますか？」と聞くと、ヘルパーさんは「いいと思いますよ」と好意的だった。その理由を聞くと「閉じこもってないのがいい」と。

「私が来たばっかりのころは、たしか、大学院生みたいな若い男性がいて、あとは細くて背の高い男性もいました。そうやっていろいろな人がいるのがいいんです」とヘルパーさん。ああ、細くて背の高い男性とは、大阪からやってきてたアーティストのタカカーンさんだなと察しがついた。大学院で福祉を学んでいるコウヤくんもいたっけなあ、と思い出した。3階には、そういうわけのわからない人が短期・長期問わず滞在する。それが「いい」とはどういうことだろう。

ヘルパーさんは続けた。

「介助の仕事って閉じられた環境だから、壮くんにひどいことといったり暴力を振るったりしても、だれにもわからないですよね。私にストレスがあったら、怒鳴ったりしてしまうかもしれない。でも、外の人たちがいるから、私にも『見られてるって感覚』が生まれて自分を抑えることができるんです。外に開かれて、いろいろな人がいたほうがいいんです」

ぼくはその話を聞き、「介助にも『観客』が要るのだ」と思ってハッとした。観客がいないと、その空間は「支援する／される」の関係に閉じてしまう。そこにいかに濃密な時間があったとしても社会に開かれることはない。観客の存在が、「支援する／される」の閉じた関係に外部をもたらし、その外部が働きかけることで、図らずも支援が豊かになる。そう解釈した。たまたまそこにいた「滞在者／観客」が、ヘルパーさんのよりよい支援に間接的につながっていたわけだ。都合のいい解釈だとは思うけれど、ヘルパーさんの話は、そんなふうに聞こえた。

これまで、いろいろな人から「介助の仕事は演じることが大事だから演劇に似ている」って話を聞かされていた。ところが、そういう「演じる」の話以前に「観客」がいたのだ。いくら閉じた空間で「演じ」たとしても、観客がいてはじめて演劇が成り立つのとおなじで、介助もまた、第三者がいることではじめて成立する。そういう解釈もあり得るかもしれない。

いや、もちろん支援の場は、その局面においては「支援する人／される人」の二通りの人しか存在しない。けれど、このたけぶんの3階のように、介助という現場に「観客」を挿入することはできるはずだし、「観客のいる介助」について思索を深めることは、既存の介助にとってプラスに働くはずだと思った。だから、ヘルパーさんが語る「介助の観客」の話にとてもワクワクした。演劇と介助、観客と演者、なんかあるなと思えたし、ぼくがつぎに学ばなければならないことが見えてきた気がした。

「親と子」の、閉じた関係

ヘルパーさんの「もっと外に開いたほうがいいと思う」という話をさらに続けて聞いていくと、話題の中心は「支援する人／される人」の関係だけではなく、その核心、「親と子」の関係に移っていった。「支援する人／される人」の関係に観客が必要なのと同じように、「親と子」の関係もまた、もっと社会に開かれるべきだ、とヘルパーさんはいうのである。

ヘルパーさんたちは、1日の中で、親よりも長い時間を当事者と過ごす。もちろん親子の関係ではないので、外から客観的に親子関係を見ていたりもする。だからこそ、親子では見つけられない違和感や、それゆえの改善点を提案することもできる。介助・介護・福祉の世界のプロであり、いろいろなケースを見ているからこそ、家族に対して外の目線でさまざまな提案をすることができる。

けれど、結局ヘルパーさんは家族関係の外の人だ。親から「まえもそうしたけどダメだった」とか、「この子のことは私が一番よくわかっている」とか、「家族の問題だから口出ししないで」といわれてしまったり、直接そうとはいわれなかったとしても、そういう雰囲気を醸し出されると、ヘルパーとしてはなにもいえなくなってしまうよねと、そんな話になった。

親であるがゆえに子に徹底して寄り添い、子どものことを守ろうとする。障害のある子どもだからこそ守ってあげねばという思いは、きっと強くなるだろう。けれども、その思いが強くなるほど外部を遮断してしまうことになる。それで子どもの可能性を潰してしまうかもしれない。障害が重いほど外の助けや社会の理解が必要なはずなのに、家族は、家族ゆえに家族を守らなければならないと強く思ってしまい、閉じてしまうわけだ。

そこで考えたいのは、当事者「本人」の存在だ。本人がほんとうはどうしたいのか。大事なのはそれだ。親だけで決められる話ではないはずだ。けれども、外から見れば、親は当事者性が極めて高く見える。親の意見は尊重すべきだと思ってしまう。それに、一般的な親子観からいって、子を守ろうとすることは「親としての当然の責任」のように思えてしまうし、周囲もそれを要求する。だから外からはなにもいえなくなってしまうのだろう。でもなあ、親ゆえに見えなくなるということも当然あるし、そもそも、親の意見は子の意見じゃない。うーん、とても難しい。

思い出したことがある。いわきで関わる地域包括ケアのメディア『いごく』の取材で、仙台市に住む若年性認知症当事者、丹野智文さんを取材したときのことだ。本書では2回目の紹介となるが、またここで引用したい。丹野さんはざっくり要約するとこんな趣旨のことを話していた。

認知症と診断されると、家族は「きっとなにもできないのだから家にいるべきだ」と思い込んでしまい、家に閉じ込めてしまう。それがかえって本人の可能性を狭めてしまい、自信を失わせ、認知症の症状をより深刻なものにしてしまうのだそうだ。スマホのアプリを使ったり、周囲の人たちにちょっと手助けしてもらえば、認知症だっていろいろなことができる。それなのに、子どもゆえに親を守ろうとしてしまう。支援者ゆえにその人を守ろうとして可能性を狭めてしまう。それでは本人の思いに近づくことができない。

たけちゃんのヘルパーさんの話を聞きながら、ぼくは、丹野さんの話を思い出していた。家族であるがゆえに、支援者であるがゆえに、目のまえの人を守りたい、守らねばと思ってしまう。けれどもいっぽうで、その思いが強まると外部を閉ざしてしまう。すると、外部からは関わりにくくなり、逆に内側に対する依存度が高まってしまう。家族への依存が高まれば、その人の居場所は家になり、支援者への依存が高まれば、その人の居場所は施設になる。社会には開かれにくい。もちろん、本人がそういう環境で守られていくことを望んでいるのならばいい。けれど、そうじゃない、働きたい、できることは自分でやりたいという人の思いはどこに行くのだろうか。尊重すべきは家族や支援者の意向ではなく本人の意向だ。本人の意向を確認し、その意向に沿うように支援する。支援とはそうあるべきではないか。

ぼくの頭の中で、ヘルパーさんの話と、丹野さんの話がつながった。家族が、その強い思いが、本人の意向を遠ざけ、周囲の関わりにくさを生んでしまうこともあるということだ。レッツの新しい取り組みの特異さにも思い至った。それほど強い「親の愛」を超えていこうという取り組みだからだ。翠さんのブログからすこし引用してみる。

この事業の肝は『他者』だ。親でもない、介助者でもない、普通の友だちのような知り合いのような人たちがどれだけ入り込んでいくか。そしてもう一つ肝なのが「親が考えない」ことだ。つまり、私が考えないこと。親の都合で作らないこと。彼らの第一の理解者、代弁者を「親」と考えないこと。「親なき後」という言葉がある。「親の死後、わが子が路頭に迷わないために今から何とかする」といった親心を象徴した言葉。しかし私は「親なき後をぶっ壊せ」と言っている。

わが子といえども成人したたけしの人生を私は考えたくない。それはたけしの周りの人たちが同意しながら作っていけばいい。親が考えたところで、所詮、老いていく自分たちと、いままでの苦い経験知から発想する生活がおもしろいものになるなんて思えない。もっと言えば、親の安心、安全、気休めにどうしてもなってしまう。それよりも、親からすれば「ちょっとそれは……」と思うことがワクワク行われる方がたけしの人生は豊かになるだろう。私はそれを、少し遠くから時々眺めるぐらいがいい。*1

もちろん、翠さんに強い葛藤があることはブログからも察せられる。母親としての葛藤。ひとりの人間としての葛藤。しかしそのいっぽう、葛藤や悩みだけでなく、「親と子の関係」を外に開くことへの希望も綴られている。シェアハウスの取り組みは、重い障害のある人たちの自立を目指す取り組みであるだけでなく、私たちの考える「家族」という制度・概念の更新、拡張であるようにも思う。

親を孤立させるスパイラル

ではなぜ親は「親亡きあと」のことをここまで思いつめて考えなければならないのだろうか。ちょっと遠回りになるが「孤立」をキーワードにすこし考えてみたい。

これまた『いごく』の取材で、いわき市内で活動するソーシャルワーカーの対談に同席したときに、「孤立」の問題が大きくクローズアップされていたのを思い出した。そこで語られていたのは、課題が重いほど孤立し、孤立が当事者を見えにくくし、課題をより重いものにしてしまうという問題、いわば「孤立のスパイラル」の問題だった。

その対談企画で、2019年の秋にいわき市を襲った台風19号水害の避難所の話になった。助けてくれと声をあげられる人はまだ支援につながる可能性があるが、深刻な人ほど「迷惑をかけられない」、「もっと大変な人がいる」と遠慮してしまい、支援につながらなくなってしまうことが多いという。

子連れの母親は「子どもが騒いで迷惑をかける」と避難所に入るのを遠慮して車の中に閉じこもってしまう。障害のある子を持つ親は、そもそも避難所ではしかるべき支援を受けられない。ひどい人ほど孤立してしまうそうだ。気がついたときは、すでに社会から切り離され、困難はさ

「親亡きあと」について語る翠さん

らに重篤になっており、解決に時間もコストもかかってしまう。だから、普段から「迷惑をかけていい場所」や「いてもいいという居場所」をつくらなければならないと、そんな話になった。

困難な状態にある人ほど多くの依存先をつくらなければならないのに、なぜか「家族」や「施設」に押し込められてしまう。それは「自己責任」の変形だろう。自分で責任が取れないなら家族が責任を取れ、所属先が責任を取れ。日本とは、悲しいかなそういう国でもある。

システムがそうなってしまっている。たとえば幼稚園。ちょっと気難しい子や、集団行動が得意じゃない子は、やれほかの先生の負担になるだの、やれほかの子どもに迷惑になるだの、専門的な教育のほうがその子にとってもいいだの、「発達障害かもしれないので診断を受けて」だのといわれて専門の園に移ることを勧められたりする。小学校も中学校もおなじだ。ぼくたちは小さいときから「障害の排除された社会」で暮らしている。

認知症の話もおなじかもしれない。ぼくたちは、本人の意思を確認せずに、困難を排除し、その家族や専門家や福祉事業所に「押しつけて」きたのである。本人がどうしたいのかを頭ごなしに否定して、「その人のため」といいながら「排除」しているのだ。だから、「健常者」とされる人は、世の中に紛れもなく存在する障害をほとんど知らずに育つ。反対に、弱者ほど「迷惑をかけちゃいけない」と強く思ってしまう。だから、そこにとてつもなく深い断絶が生まれてしまうのだろう。長年にわたってそういう人生を歩んできた家族が、「私たちの苦しみは私たちでなければわからない」と思ってしまうのも当然かもしれない。そうさせているのはぼくたちのほうなのだ。

問題はふたつある。ひとつは、当事者側の問題。家族や支援者がつとめを果たそうとし、果たそうとするがゆえに閉じてしまうということ。もうひとつが、社会の側の問題。当事者「性」に遠慮してしまったり、障害が切り離されていることへの無関心が強いこと。そうやって個人と社会を切り離しているから余計に当事者の孤立が生まれてしまうのではないだろうか。歩み寄らなければならない。

家族が見なければ（見るべきだ）という思いは、本人の可能性を狭めるだけでなく、支援の場もまた自宅に狭めてしまう。支援者が見なければ（見るべきだ）という考えは、本人の可能性も同様に狭め、支援の場も施設に狭めてしまう。狭めた結果、その周囲の負担は重くなる。負担が重くなると、家族や支援者は「迷惑をかけられない」と遠慮し、社会は「難しい問題で関わりにくい」と遠ざけてしまう。まさにスパイラルだ。

いわゆる「当事者研究」の第一人者で小児科医の熊谷晋一郎《くまがやしんいちろう》さんは、「『自立』とは、依存しなくなることだと思われがちです。でも、そうではありません。『依存先を増やしていくこと』こそが、自立なのです。これは障害の有無にかかわらず、すべての人に通じる普遍的なことだと、私は思います」と語っている。[*2] 非常に鋭いと思う。

『居るのはつらいよ』（医学書院、2019年）で大佛次郎論壇賞を受賞した精神科医の東畑開人《とうはたかいと》さんは、同書を紹介した書評サイトへの寄稿文でこう語る。「自立した人は、依存の価値を見失いやすい。誰かに依存していることを忘れるほどに依存できている状態が自立であるからだ。良き世話は感謝されない。いちいち感謝されないほどに、うまく依存をさせているのが良いケアだ」。[*3]

健常者は自立していると思っている。でもそれは依存先が多いからだ。あまりにも多くのところに依存しているから、依存してる感が薄まって、よそに依存なんてしてないと思えてしまう。いっぽう、障害のある人たちは依存先が少ないから自立につながらず、いつもだれかの世話になっているように見えてしまう。まさにそれが「障害」なのだろう。

家族が見るべきだ、施設に入れておけ。専門家や有識者が考えるべきだ。そういう、一見するともっともらしい理由のある批判は、彼らの依存先を減らすことになる。依存先が減れば、彼らの自立は遠のき、障害者はずっと障害者でいなければいけなくなる。と同時に、ぼくたちは障害を知る機会を失い、ぼくたちが、いかに多くの依存先を持っているかを自覚することもなくなる。

これを震災復興にあてはめてみよう。たとえば漁業。福島の漁業の問題は福島の漁業者が考えるべきだ。政府がなんとかすべきだ。専門家や有識者が考えろ。そういう一見すると正当性のある批判は、福島の課題を考えることの負担を当事者のみに押しつけ、彼らの依存先や、ぼくたちが復興について考える場を減らしてしまう。

親たちに「親亡きあと」を考えさせているのは、ぼくたちなのだ。そして、障害者の家族に「親が見るしかない」「家で見るしかない」と思わせているのは、親の愛ではなくて、社会に居場所がないからだ。家庭という依存先をつくるのが家族だとすれば、施設という依存先をつくるのは支援者や専門家。社会の中に居場所をつくるのは、ぼくたちの仕事ではないだろうか。

社会へ開くことで「当事者『性』」を外す

そうやって考えてくると、レッツが自分たちの活動を社会に開こうとしている理由がすこしずつはっきりとしてくる。

1、社会の側に障害を顕在化させ、ぼくたちに考えさせる。
2、家族や支援者といった閉じた環境に外部を挿入する。
3、本人の周囲にある「当事者『性』」を外し、だれもが共事できる環境をつくる。
4、その人らしい人生や暮らしを、ともに見つけ、ともに歩める社会を目指す。

レッツの活動というと、まずは「1」を想起する。ぼくたちは障害者が排除された社会で暮らしている。そもそも障害を知らずに育つ。だから、知らないし知識もない。社会人になっていきなり「多様性」という言葉を強制されたら、とうぜん摩擦は起きる。だから、まずはできるだけポジティブな形で障害と出会う場をつくろうとする。

その目線は社会ばかりでなく「2」、つまり「家族」や「支援者」、つまり「当事者の側にいる人たち」にも向けられている。「親亡きあと」なんてぶっ壊して、本人も親も自分らしく暮らしていけるはずだと。チャレンジしてみようと。そのために施設をオープンにし、ぼくたちのような部外者・素人の関わりしろをつくる。

そして、「3」にあるように、当事者の周りにある「当事者『性』」を外部に開く。外部に晒されると、ぼくたちの考える「家族」や「当事者性」は意味の更新を余儀なくされる。実際「たけしと生活研究会」のプロジェクトでは、「家族」を再定義するような議論が数多く巻き起こっている。もはや、既存の「家族制度」は「自己責任」の変形にすぎず、依存先を限定しかねない。活動を通じて家族という概念自体を更新しようというレッツの動きは、いまならとても納得できる。

ここで大事なのは、レッツの活動は「当事者本人」にはなにも要求していないということだ。当事者本人が、自分がいたいようにいられる社会をつくるために、家族や支援者を含む当事者の外側の人たちに問いを突きつけている。その問いは、もちろん「障害児の親」である自分へも突きつけられる。さきほど翠さんのブログを紹介した。翠さんはこう書いている。「肝なのが『親が考えない』ことだ。つまり、私が考えないこと。親の都合で作らないこと。彼らの第一の理解者、代弁者を『親』と考えないこと」。

「障害児の親」という非常に強い当事者性が、むしろ子どもの自立のための障害になる。だから翠さんはそれを開こうとしているのではないだろうか。ぼくにはそう見える。なんのためか。たけちゃんの可能性のためだ。徹底して接近し、庇護のもとに置いて守ろうというのではない。たけちゃんから距離をとって離れることで、たけちゃんのあらたな可能性を社会の中に開き、依存先を増やすことで自立を図り、たけちゃんを守る。そのためではないか。

「たけし文化センター」である理由

当事者「本人」の周辺には、当事者性の膜がある。もっとも厚いのが家族、とりわけ親。さらには兄弟。その外側に、支援者や専門家、施設職員や有資格者、実働者がいて、さらにその外側にぼくのような「ちょっと関心のある人」がいて、もっとも外側にはほとんど関心のない人たちの層がある。ぼくはそんなドーナツのような構造を思い描いている。

外側にいるぼくたちから見れば、内側にいけばいくほど当事者に近く見えるから、支援者や専門家も当事者のように見える。支援者からすれば、本人の兄弟や親は自分たちより当事者性が強く見えるから、家族に物申すのはためらわれてしまう。つまり、みんな「より当事者性の高そうな人に遠慮」してしまうわけだ。だから「本人」にたどり着けなくなってしまう。そうやって当事者性の濃淡で判断して、遠慮したり排除したりしてしまうことがいけないのかもしれない。重要なのは、本人の意思だ。

では、たけちゃんの意思とはなんだろう。たけちゃんはうまく言葉で伝えられないから、専門家すら意思を確認することは難しい。翠さんは以前こういっていた。「親だって壮の考えていることなんてわからないですから。他人も私もいっしょで想像するしかない」と。想像するのにはたしかに「コツ」が要る。けれど、想像するのに資格はいらない。人と人が接するのにプロもアマもない。たけちゃんの新しい依存先は、ぼくたちの側に開かれている。

ぼくたちは遠慮してしまう。当事者じゃない。専門性もないし、助けられないと。けれど、知らないだけなのだ。実際にレッツのメンバーたちは、人と人は案外深いところでおたがいの存在を許しあえること、ぼくのような外部の人間もできることがたくさんあることを教えてくれた。たけちゃんは、そうして金髪になった。

社会課題も似たようなものかもしれない。課題が大きいほど、外側の人たちは容易に口出しできないと思ってしまう。SNSの普及したネット社会では容易に二項対立が生まれてしまう。だから面倒になる。内側にいる人は「よその人たちは私たちの苦しみなんて理解できない」と思ってしまう。ゆえに孤立してしまう。孤立するから難しくなる。難しくなるから知るチャンネルが減る。無関心が生まれ、風評と風化が進む。これが孤立のスパイラルだ。

レッツは、自らの当事者性の強さ、それゆえの閉鎖性を自覚するからこそ、つねに自分たちの活動を社会に開いている。最初の話に戻れば、まさに「観客を獲得するため」にこそ、レッツは「たけし文化センター」を名乗っているのではないだろうか。閉じてはいけない。そんな自戒を込めて。

たけし文化センターは、障害のある人が多様な人たちとともに「自分らしさ」や「自立」を獲得するための場所である。と同時に、翠さんをはじめとする親もまた、世に求められる「障害児の親」らしさ（つまり当事者「性」）を脱ぎ捨て、自分らしさを再獲得するための場でもある。ぼくたちもまた、この場所で障害を知り、彼らとの共生の道を考えることができる。「文化センター」の名にふさわしい活動だとあらためて思う。

観客も演者も、多様なほうがいい

たけちゃんは、シェアハウスでの暮らしにすこしずつ慣れはじめているようだった。いまでも調子が悪いときにはイライラしたりすることもあるけれど、もうここで暮らしていくほかないと諦めがついたのか、いつのまにか暮らしに慣れ、ヘルパーさんとの意思疎通も図れるようになってきたという。ヘルパーさんご本人がそういうのだから、きっとそうなのだろう。

ぼくは、たけちゃんに言葉をかけたり、手をつかまれるがままに歩き回ったりすることしかできない。ちなみに「よだれ」はまだちょっと苦手だ。けれど、いま自信を持っていえることは、レッツは、ぼくらも「したいようにしていていい」ことになっていて、そういう「観客」を求めているということだ。

観客は、ただ客席に座っているだけではない。こうして朝早く起きたときに、演者たちと話を交わすことができる。オガちゃんと散歩することもできるし、こうちゃんと水浴びすることもできる。リョウガくんと歌を歌うこともできるし、太田くんと昼寝することもできる。そうやって開いていったさきでヘンテコな回り道をしながら、主役たちといっしょにレッツを、そして社会をつくりあげていく。

こう書いてきて、いまはっきりわかったことがある。この文化センターに包み込まれているのは、利用者でも、障害者でも、その家族でもなかった。ぼくたち観客のほうだったのだ。

ヘルパーさんは、たけちゃんに夜食を提供した深夜4時過ぎから1時間ほどウトウトし、たけちゃんが起きてくるのを待っていたそうだ。さぞかし疲れていると思う。けれど「私ひとりで毎日見るわけじゃないから大丈夫。毎日ちがう人が回していけば問題ないんじゃないかしら」と話してくれた。演者も多いほうがいい。観客も多いほうがいい。そういうことだ。

気づけば、時計は朝8時をすこし回ったところだった。1時間も話し込んでしまって仕事の邪魔かなと思ったけど、ヘルパーさんはどこかスッキリしたような顔でたけちゃんを起こしに向かった。ぼくも、3階の部屋の布団をたたみ、食い散らかした弁当のゴミを片づけ、顔を洗って1階の「たけし文化センター連尺町」を目指す。

たけちゃんは、もう3階を出発していた。いまごろ2階で二度寝してるだろうか。それとも1階でカチャカチャと石を鳴らしてるだろうか。たけちゃんに会ったら、昨日より気合いを入れて「たけちゃんおはよう」と声をかけよう。ぼくはそんなことを考えながら、1階へと下りるエレベーターのボタンをぐいっと押した。なんだか、昨日とはちがう新しい一日がはじまるような、そんな気がした。

＊1　「親なき後をぶっ壊せ～たけしの新しい生活が始まる～」『レッツ代表久保田翠のブログ「あなたの、ありのままがいい」』２０１9年9月28日
https://kubotamidori.hamazo.tv/e8589604.html

＊2　「自立とは『依存先を増やすこと』」全国大学生活協同組合連合会ＨＰ
https://www.univcoop.or.jp/parents/kyosai/parents_guide01.html

＊3　東畑開人（２０２０）「大佛次郎論壇賞・東畑開人さん受賞記念寄稿　ケアの価値見失う大きな社会」『好書好日』
https://book.asahi.com/article/13065549

17

散歩は地球を救う

2月。レッツ訪問は10回目になった。もう20日間分くらいは過ごしたことになるだろうか。この「表現未満、」の旅も、いよいよ佳境である。この日は「レッツを取材する小松を取材する」という、とある通信社の編集委員の方も来訪していた。レッツを直接取材するのではない。レッツを取材するぼくを取材して、そこからレッツや福祉のこと、障害のことを書きたいとのことだった。ものすごくチャレンジングだな、と思った。このような場所を題材にするなら、障害当事者や運営者、家族や支援者を取材するものだ。それなのにぼくのような「観光客」を取材しようというのだからズレている。直接的でなく迂回して伝えようというその記者さんとは、「伝え方・関わり方」についてかなり話し込んだ気がする。それもまたのちほど紹介しよう。

たけ散歩の愉悦

今回の訪問は歩いてばかりだった。初日も2日目も、多くの時間を散歩して過ごした。そのおかげで散歩についてじっくりと考えることができた気がする。自分のスマホをチェックすると、どうも2日間で3万歩くらいは歩いたようだ。運動不足になりがちな時期。ありがたい。

初日は、たけちゃんとの散歩だった。午後、スタッフの知里《ちさと》さんがたけちゃんとすこし外を歩くというので、みんなでくっついていった。散歩のコースは、たけぶんを出て、浜松市の中心市街地にある有楽街という飲み屋街を歩き、数百メートルほどぐるりと回ったところで「ザザシティ」というデパートへ入り、その中にあるおもちゃ屋さんの店内をぶらつき、たけぶんへと戻ってくるというルートだ。

こうしてコースを書いちゃうとふつうの散歩に見えるけれど、基本、たけちゃんはいうことを聞いてくれない。信号にも横断歩道にも突っ込んでいくし、道を逸れそうになったらこちらが体を入れて阻止しないといけない。基本、だれかがしっかりとついてないと危なっかしいのだ。車が来たときに「危ないっ」と叫ぶと、すこしは気にしてくれている感じがするけど、そのへんのさじ加減は、たぶん、長くつきあわないとわからないだろうと思われた。

たけちゃんは、歩いているほぼすべての時間、石を入れた半透明のタッパーを振って、カチャカチャと音を鳴らしていた。石が落ちると、散歩中のだれかが石を拾って手渡す。すると、またカチャカチャやりはじめる。道中で気になる石があると拾ってカチャカチャやる。たけちゃんは呼吸するようにカチャカチャやるのだ。

とにかくそれをやめないので、その行為がたけちゃんにとってめっちゃ大事だ（あるいは心地よい）ということだけはわかる。まあもちろん、ぼくがたけちゃんと時間を過ごすのははじめてではないし、散歩するのも2回目だから、たけちゃんがカチャカチャするのが好きなのは知っていた。こうしていっしょに散歩していると、よほど大事なんだなということが伝わってくる。

外から見ると、いかにも「支援者が散歩してあげている」ように見えるかもしれない。けれど、実際はそうではない。いつのまにか、観客だったぼくたちがたけちゃんに介入せざるを得なくなったり、たけちゃんを誘導しているつもりが、これはむしろたけちゃんに誘導されているのでは？と思えてきたり、まちの人たちがいつのまにか巻き込まれたり、なんだかよくわからなくなるのだ。

その「支援する／される」の揺らぎは、施設の内側だけでなく外側でも起きる。施設の中にいると、ぼくはいかにも観客である。けれども、外に散歩しに出て、まちの人たちの視線に晒されると、今度は演者の側に回ってしまう。散歩が「支援する／される」を揺るがすスイッチになるわけだ。

ぼくからすると、ぼくは、散歩をするたけちゃんの「観客」のような立場だ。けれど、まちの人たちからすればぼくもスタッフに見えるだろう。いっぽう、主演のような立場のたけちゃんも、じつは、ぼくたちやまちの人たちの様子を鑑賞しているかもしれない。演者も観客も、関心も無関心もつねに揺らぎ、それが移動することで、さまざまに波紋を広げていく。

デパート「ザザシティ」のまえで、横断歩道を渡りたくないたけちゃんが信号のそばの歩道に座り込んだことがあった。気持ちはよくわかる。そうやって抵抗するしかないからだ。たけちゃんは言葉では自分を表現しないけれど、そうやって態度で示す。それは「障害」ではなく「そういう伝え方」にすぎない（まえはこういうふうには考えられなかった）。ああ、そりゃそうだよな、ここを渡ったら、たぶんたけぶんに帰る感じになるもんな。まちのほうがそりゃあ刺激は多いしやっぱり楽しい。渡りたくない気持ち、すっごくよくわかる。

ぼくたちは、なんとかたけちゃんを渡らせようとする。けれど、ここで「おい壮このヤローなにやってんだ」とはいえない。怒ってしまったら、それが周囲に伝わる。レッツの評判はダダ下がりだ。だからできるだけ穏やかに対応するほかない。つまりぼくたちは、ここで「観客の視線」を意識してしまっている。その意味で、やはり「演者」である。

ぼくは、この本で、たびたび「レッツを観光しにきた」と書いてきた。ぼくはレッツでは観客だと思ってきた。けれどそれは「施設の中」だけのことだと気づいた。一歩でも外に出たら、ただ散歩しただけなのに、自分もたちまち演者の側になってしまう。ぼくは外から見たら当事者・

支援者であるように見えただろう。その揺らぎが散歩によって生まれているのがおもしろい。観客が生まれると、ぼくは観客ではなくなってしまう。

では、まちの人たちはどうだろう。まちの人たちだって、べつにたけちゃんズのドタバタ劇なんて見たくもなかったかもしれない。けれど、見「てしまう」。目撃し「てしまう」のだ。本来それを見ようとしていなかった人たちにまちがって届いてしまうというやつ、つまり「誤配」みたいなものが生まれるわけだ。レッツは、そのためにまちに出るのである。

翠さんは、しばしば「障害のある彼らは社会に波を起こす存在だ」と語る。彼らがいろいろなところでトラブルを起こし、そこに波ができることで、彼らの存在を社会に顕在化させ、社会の側に障害を問う。そういう力が彼らにはあるのだと。その力は「本人だけ」に宿るものではあるまい、とぼくは思う。彼らが社会に出るためには散歩の「同伴者」が必要だからだ。

おそらく、いまの社会情勢からいって、たけちゃんが「ひとりで」まちを歩いていたら「迷惑行為」になってしまうだろう。それ以前に、たけちゃんがひとりでまちを歩くことは、本人にとって極めて大きな危険が伴う。ともに歩くスタッフがいて、なんならそこに同伴者もいて、それが集団のように見えてはじめて、社会に投じられる石は波になるのだ。

そこに必要なのが散歩だ。レッツの散歩は観客をつくる。まちを劇場にする。そして、「支援

信号を渡りたくなくて駄々をこねるたけちゃん

する／される」、「演者／観客」という境界線を揺さぶるのだ。散歩にそんな力があるなんてこと、いままで考えたこともなかったけれど、ぼくが体験した散歩はまさにそういう散歩だった。

地獄のオガ散歩ダブルヘッダー

2日目は、いつものように入野にあるのヴァ公に向かい、来所したばかりのオガちゃんとひとしきり遊んだりしたあと、そのオガちゃんを連れて「オガ散歩」を楽しんだ。台車は持って行かず、なぜかラジカセを持って行くことになった。

スタッフの尾張さんと向かったのは美しき佐鳴湖。オガちゃんは、早咲きの桜が満開の湖畔を猛然と歩きゆく。「きれいだなぁ、咲いてるねぇ」とうれしそうに話すオガちゃん。邪魔になったのか、ラジカセをぼくに手渡し、そのかわりにぼくのカメラを借りて写真を撮りはじめた。オガちゃんとの散歩は、ここのところずっと「フォトセッション」だ。尾張さんは、オガちゃんを萎縮させまいと、ぼくらの20メートルくらいうしろを歩いている。なにかあったらすぐ来れるような絶妙な距離感だ。せっかくリケンさんたちが来てるんだからいっしょに楽しく散歩に行ってきなよ、ってな具合に、さりげなく様子を窺ってくれている。

リラックスしたオガちゃん。「そこを曲がって戻ろう」というなんどかの提案を聞くこともなく、勢いよく坂を登って行く。尾張さんが介入してきたのは、2キロは歩いたころだったろうか。マジでそろそろ帰らないとキリがない。そう判断した尾張さんは「これ以上行ったら尾張さんとふたりで帰る。いま戻るならリケンさんたちとみんなで帰れる。どっちにする？」と、ふたつの選択肢を提示してオガちゃんにボールを投げた。口調はいつになく厳しめである。

オガちゃんは固まった。やはりだ。けれども、想定内、案の定。もう何度もオガちゃんと散歩してるし、そのたびに固まってるからな、君は。30分くらいのフリーズではもう驚かないし、こっちだっていろいろと提案してみる。

最終的にオガちゃんが納得したのは、尾張さんと帰ることでも、リケンさんたちと来た道をそのまま戻ることでもなく、目のまえの交差点を曲がり、住宅地を回ってから帰るという案だった。まずは「どちらかを選べ」を提示し、そのうえで、ちょっとだけオガちゃんの歩きたいという気持ちを聞き入れたオプションをつけてあげるとうまくいく、ということかもしれない。まあ「可能性が高まる」くらいの効果しかないとも思うけど。

帰ると決めたらオガちゃんは速い。ズンズン進んで、あっというまにのヴァ公に戻った。ぼくはすっかり疲れ切っていた、の、だ、が、話はここでは終わらない。なんと、散歩ダブルヘッダーが待っていたのだ！　お昼にセブンイレブンで弁当を買い、オガちゃんといっしょに食べ、まったりと午後を過ごすかと思いきや、オガちゃんは突如思い立ったようにオガ台車の準備をはじめた。「さっきは湖のほうだったから台車を持って行かなかったの。今度は住宅地のほうを散歩するから台車を持って行きたいんだ。リケンさん以外にもお客さんが来てるし、いっしょに散歩したいんだ」。オガちゃんの心の声が聞こえてきた。仕方ねえ、行くべ！

2回目の散歩は、スタッフの中村さんが同行する。いつものように入野のイオンの方角に向かう。が、イオンに行ってしまったら「終了」なので、うまいこと中村さんが誘導し、住宅街を抜けるルートに入っていく。の、だ、が、やっぱりオガちゃんは刺激の多いルートに行きたい。よりイオンに近いほう、より賑やかなほう、帰る方向ではないほうに行きたいのだ。だから「そこを曲がろう」と提案されるたびにオガちゃんは固まる。戻ろう、帰ろう、そっちはダメだといわれると、そのたびにテンションが下がってしまうのだ。

よ、よし、じゃあわかった、オガちゃんの行きたいほうに曲がろう。でも、そのつぎの交差点では左（帰る方向）に曲がるんだぞ……。あ、曲がらない、固まった。よ、よし、じゃあここはまっすぐに行こう。でもつぎは曲がってね。提案に譲歩、譲歩に提案。なんども繰り返すのだけど、ズルズルとオガちゃんにペースを握られ、この戦術ではどうしようもなくなった。

はっと閃いたぼくは、スマホに入っていたドラムマシンのアプリを立ち上げて、「戻ってこれで遊ぼうぜ」と声をかけた。するとオガちゃんは、それに興味を持ってくれたようで、はっきりと首を縦に振った。すかさずみんなで「よーーーーーし！　オガちゃん、帰ろう帰ろう！」とハッパをかけ、胸をなでおろしつつ、オガちゃんの気持ちが変わらないようにテンションをあげながら、底抜けの明るさを取りもどしたオガちゃんとのヴぁ公へと帰った。

ぼくは、冷たい麦茶を飲みながら、オガちゃんとの散歩を振り返った。オガちゃんは散歩中よく固まる。けれど、さすがにオガちゃんだって帰りたいはず。みんなから帰ろうといわれて、帰ったほうがいいかなとは思ってるはずなのだ。でも、行きたい、いや帰らねば、いややっぱ行きたい。そんな葛藤をどうすることもできず、フリーズしてしまっているだけなのだ。

いまだに、どうしたらオガちゃんのフリーズを解除できるのか、具体的な方策は見えてこない。これをしたらこうなるという「解」が見えない。ただ、すこしだけわかってきたのは、ちょっとのあいだでもいいから、固まったオガちゃんと漂流してみるしかないということ。いっしょに漂ってみる。おもしろがって、固まっているオガちゃんにも「共事」してみるわけだ。すると、だいぶ気持ちが楽になる。自分の気持ちが、だ。

オガちゃんと散歩していて防がなければならないのは、オガちゃんが電化製品のショップでフリーズし、「目のまえの商品を買わなければおれはここを絶対に動かんぞ」みたいな状況に陥ることだ。買ってしまうと金銭のダメージが生まれてしまう。これは避けなければならない。過去にはそんなことも実際にあったそうだ。それに比べたら、交差点で固まることなんて屁みたいなものだ。まだまだおもしろがれる余白は残されている。固まったオガちゃんの「解凍」の手法も、じつは150万通りくらいあるのかもしれない。なんなら、ここで「オガちゃんを帰らせたいと思っている自分」について考えてみたっていい。なぜおれはオガちゃんをこれほど帰らせたいと思ってるのだろうと。帰ってなにかやるべきことがあるというのなら、まあそれもわかる。でも、浜松に来ているあいだ、取り急ぎぼくがやるべきことはない。なんなら、ここで1時間でも2時間でもフリーズしてたっていいのだ。漂流できる時間は、意外とある。

もちろん、レッツのみなさんは、時間もあるし、オガちゃんの母ちゃんが迎えに来る時間もあるし、オガちゃんひとりにつきっきりだったら、ほかの利用者の支援ができなくなる。いろいろな理由から、オガちゃんを連れ戻さなければならない。けれど、ぼくはそういうわけではない。「スタッフとはべつの回路」でオガちゃんに近づくことができるかもしれない。

こんなときに大事なのは、なにがオガちゃんをそうさせているのかを考えること。それと、なぜ自分はそこまでオガちゃんを帰らせようとしているのか「も」考えてみること。つまり、そうなっちゃっている原因を、本人のせいにするのではなく、いま起きていることの「背景」や「事情」みたいなものから察してみることだ。

なんでおまえそんなことするんだ、なにしてんだ、ふざけんなよ、ではなくて、なんでそんなふうになっちゃったのよ、なにがおまえをそうさせてんだよと、ちょっと「他人ごと」みたいにしちゃうことで距離を置いて、脊髄反射的なところからいったん脇道に逸れてみる。脇道に逸れると、そこにはまたべつの思考の原野が広がっている。考えているうちに、どうでもよくなることもある。意外と、ぼくたちは「どうでもいいこと」に頭を悩ませていたりするのかもしれない。

オガちゃんにしても、たけちゃんにしても、だれにしても、友人との人間関係にしても、その「個人」に責任や原因を求めるのではなく、13章で紹介した「中動態」のように、その個人に紐づけられた責任や意思の存在をいったん棚あげして、「なにがあなたをそうさせているのか」と、個人から離れたところにある背景を考えてみる。そういう余裕を持つことが、いま必要とされているのではないか、とぼくは考えている。


「とぼくは考えている」と書いたけれど、正しく書くなら「と考えられるようになった」がふさわしい。レッツに通うようになって、ぼくはそんなふうに考えられるようになったのだ。

レッツ観光10回目。初日のたけ散歩では「観客」や「演劇」について考え、2日目のオガ散歩では「中動態」のようなことを考えることになった。レッツを観光すると、思考が広がり、思想や哲学みたいなものとつながる瞬間がある。今回は、偶然にもそれが散歩から生まれた。思えば観光客とは、あちこちを「散歩」するものだ。運動としての散歩、思考の散歩。レッツと「散歩」は切り離すことができない。歩き疲れてバテるくらいがちょうどいいのかもしれないなあ。

18

「当事者モデル」と「共事者モデル」

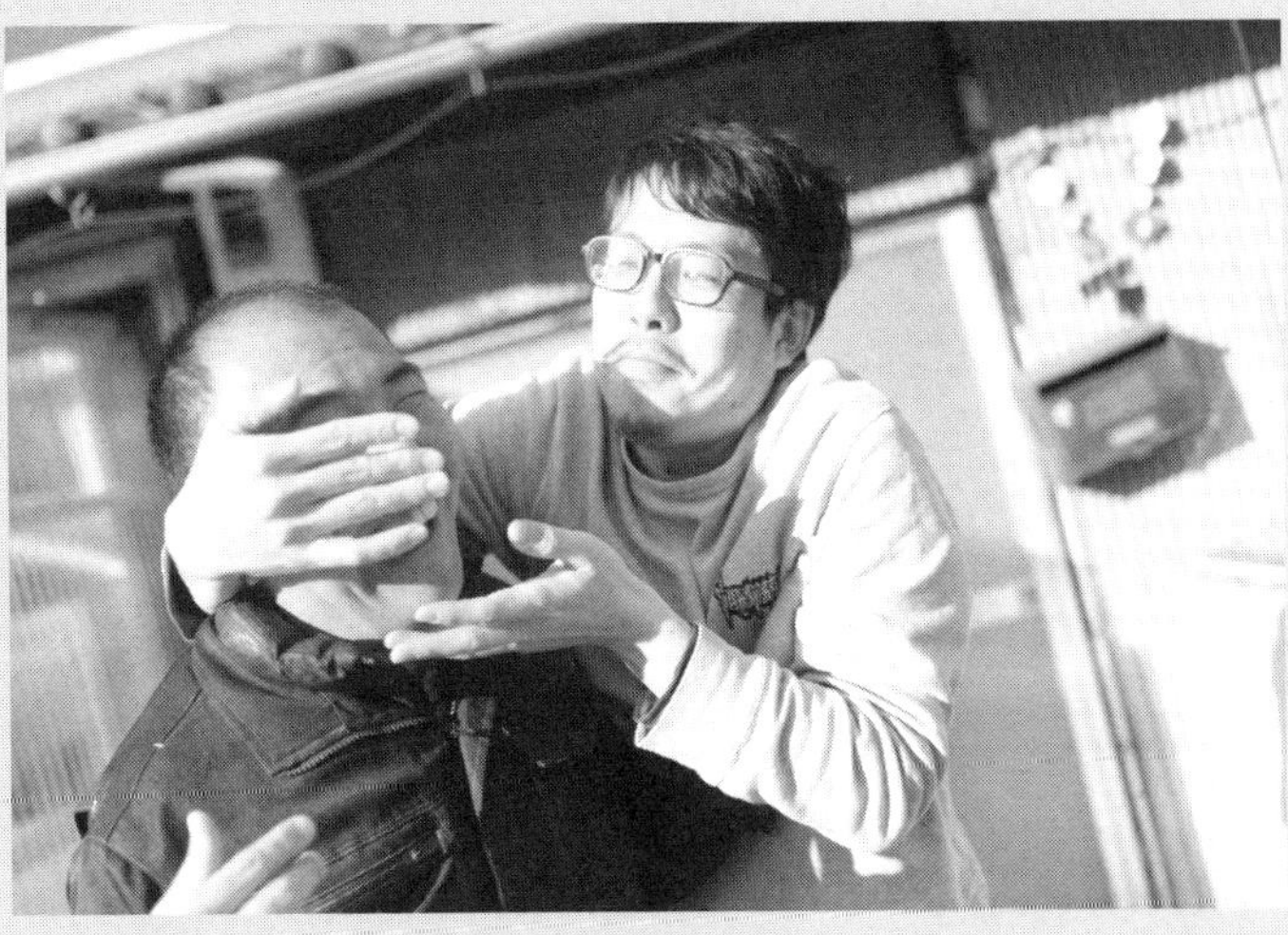

深刻な課題や困難をメディアでとりあげようというとき、多くの場合、メディアは「当事者」の声と「専門家」の声、二通りを伝える。当事者の苦しみや怒り、当事者が抱えている課題や困難を広く伝えるとともに、その当事者の声に寄り添うようにして、積み重ねられた知見などをもとに、困難をいかに克服すればいいのかの考え方やアクション、こんな行動が必要だ、こう考えるべきだ、こういう政策が必要だ、などなど、バランスよく配置された専門家たちが語る。そういうやり方が多いはずだ。

当事者と専門家の組みあわせは、新聞もテレビも基本的にはおなじだ。ぼくもかつてはテレビ局の報道記者だったが、なにかしらの課題をとりあげるとすれば、だいたいその設計図でつくっていたように思う。ところが、レッツの活動に関わるようになってから、それでいいとは考えなくなった。当事者や専門家とは、またちがった関わり方を示す必要があるのではないかと考えるようになったのだ。この本をここまで読んでくれた人ならおわかりだろう。「共事」の関わりのことだ。

当事者の声は、似た境遇にある人たちの共感と連帯を生み出す。そこで孤立が解消されたり、当事者ならではの悩みなどを共有することがまずは第一だ。けれどもいっぽうで、当事者という言葉は、困難を抱えている他者と抱えていない自分とを分別して、「自分は当事者ではない」と考えてしまう人や、同情はしてくれても、具体的な「つぎの一歩」になかなか進めない人、「関係ねえや」と思ってしまう人、つまり「非当事者」ともいうべき人もつくり出してしまうように感じている。ほんとうは、多くの人たちといっしょに考えたいのに、当事者か否か、という壁をつくり出してしまうのだ。

専門家の話は、たしかに耳を傾けるべきだし、知識や情報は入ってくる。けれどもやはりどこかで他人事になってしまい、つぎの行動につながりにくい。優秀な専門家を見るほど、「自分なんかよりもこういう専門家が関わったほうがいい」と思ってしまうし、「自分なんかが関わってしまったらかえって迷惑では?」と、遠慮や忖度みたいな感情が出てきてしまうこともある。その結果、課題はどこか遠くのできごとのように感じられてしまい、「大変な問題なんだなあ」とため息をつくだけで終わってしまう。つまり、こちらも「自分ごと」になりにくい。

ぼくは震災後の福島で似たような壁に直面した。興味があるという人ほど、「複雑な問題の背景を把握していないと福島のことは語ってはいけないのでは?」と思ってしまったり、「放射線防護のことを知らないといけないのでは」とか、「なんらかの前提知識を学ばないといけないのではないか」とか、「自分は家族を失ったわけでもないし津波にも被災していないし」と遠慮してしまう。内側の議論は活発化するけれど、外部の関わりが少なくなる。活発な議論はときに二項対立化した構図をつくり出し、内側の人たちを疲れさせ、その対立が、さらなる関わりにくさを醸成してしまう。東京を拠点に活動するメディア関係者、発信者からそのような声を聞いたとき、ああ、福島を外に伝えることはここまでめんどうなことになってしまったんだなあと頭を抱えた時期があったのを思い出した。

レッツに関わりを持つまえは、障害者福祉はどこか他人事だった。手厚い保護や充実した支援が必要だとは思っていたけれど、その目線はあくまで「健常者」であり、その健常者の立場で「弱者は守られるべきだ」と考えていたにすぎない。本書の途中で、いろいろな人たちの中に自分もいる、ということを書いた。ぼくはこれまで、いろいろな人の存在は知っていて、守られるべきだとは思っていたけれど、その「いろいろな人」に自分を入れていなかった。だから他人事だったのだ。

レッツと関わりを持つなかで、ぼくは変わった。極めて当事者性が強いと思っていた障害者福祉が、ぼくたち部外者に開かれていることを知った。自分たちもだれかの居場所になれるんだということも体験できた。そして、課題が多い領域だからこそ、ゆるやかな関わりを許容し、認めていくような伝え方も必要なのではないか、と考えるようになった。

これまで本書でたびたび書いてきたように、強い当事者性や専門性がなくとも、自分の関心や好きなことを通じて課題と「事を共にする」ことならできるということをぼくは学んだ。そして、そういうゆるくわずかな関わり、個人的な欲求を通じて、当事者とはべつの回路で課題や困難に接してしまう人たちを「共事者」と呼ぶことにした。伝え方も同じではないだろうか。当事者と専門家の声を伝えようとする「当事者的」な伝え方だけではなく、ゆるい関わりを許容し、課題の外側の声もいっしょに伝える「共事者的」な伝え方というものもあるはずだし、当事者と共事者を往復して両者をつなぐことが、本来のメディアの役割なのではないかと思う。

テレビ番組で、よく、こんな展開がある。

当事者：とてもつらい状況です。納得できません。私たちは怒ってます。

専門家：行政サポートを充実させましょう。自治体や企業のサポートも必要ですね。

アナウンサー：難しい課題です。私たちも問われています。無関心ではいられません。

こうした構成に、もうすこし「共事者」の声を加えていくことはできないだろうか。

当事者：とてもつらい状況です。納得できません。私たちは怒ってます。
専門家：行政サポートを充実させましょう。自治体や企業のサポートも必要ですね。
共事者A：たまたま関わってしまったんですが、とてもいいことが起きています。
共事者B：大変な課題だと思って実際に関わったら、意外におもしろくて自分の居場所になっちゃいました。
アナウンサー：なんだか、私たちにもできそうですね。申し込みはこちらへ。

すごく安直に書いているのは理解している。けれど、こんな感じで、もうすこしだけ、具体的な共事者の声をプラスして、具体的な行動を促す、という伝え方もアリではないだろうか。

参加してみたらこんなおもしろいことが起きた。参加のハードルが高いと思ってたけど、自分たちにもできることがあった。そんな声と同時に、実際に楽しんでしまっている映像もくっつけてしまえばいい。現場のレポーターが体験するのもいいかもしれない。そして仕事以外のプライベートな時間でもそこにコミットしてしまえばいい。記事や番組だけで不十分なら、当事者や共事者をまぜたトークイベントをメディア側が主催してしまってもいい。体験ツアーを企画してもおもしろいかもしれない。企画できなかったとしても、最低限、なんらかの相談窓口や問いあわせの窓口を紹介するだけでもいい。つらい声を伝えるだけでなく、距離を保たずに一歩踏み込んで、当事者性を拡張するような伝え方を意識する。それだけでも、記事や番組の構成は変わってくるのではないだろうか。

自分とおなじような素人が、素人の言葉で「楽しいです」、「やってみてよかった」と等身大に語ってくれたら、「おおお、自分にもできるかもしれない」と思ってくれる人もいるはずだ。もし当事者とされる人が「ゆるい関わりでもすごく助かりますよ」といってくれたら思い切りハードルが下がる。どうしたらつぎの参加者が増えるかを、当事者も、伝える側も意識できたらいい。「共事者」は、またつぎの「共事者」を連れてきてくれるかもしれない。

「当事者モデル」と「共事者モデル」

もうすこしだけ、「共事」の伝え方について考えていきたい。ヒントにするのは、障害の「個人モデル」と「社会モデル」という二通りのモデルだ。

「個人モデル」は、「医療モデル」とも呼ばれ、障害者の困難や課題解決を個人に求める考え方だ。たとえば、足が不自由で建物の2階に上がれない人がいるとする。「個人モデル」では、障害も課題解決も、その当事者（と家族）に所属するものとして考えるため、解決策は、上がれるように訓練するとか、昇降装置を自分で用意するという方向になる。家族が2階まで運べばよい、というのも「個人モデル」だ。もともとはこういう考え方が主流だったそうだ。あとの時代になって、個人ではなく社会の側に困難があるとする「社会モデル」が生まれた。

「社会モデル」の場合は、障害をつくっているのは社会なのだから、それを取り除くのは社会の責務だと考える。建物の2階に上がれない人がいたら、バリアフリーの設計をすべきだし、そこを通りがかった人たちが手助けしてあげればいい、という方向にものごとを考えていく。当事者の「バリアフリーにしてほしい」という声を最大限尊重しなければいけない。障害を、個人に帰するものではなく社会で考えるべきものと転換させたこの「社会モデル」は、いまや、ごくごく普通の考え方になりつつある。

すこし無理のある考えかもしれないが、このモデルを応用して、当事者たちの声を最大限に尊重していくモデルを「当事者モデル」、当事者の声を聞きつつ、社会の側にある障害について考え、社会課題を当事者や支援者とはまたちがったやり方で考えることを「共事者モデル」とするのはどうだろうか。

それを「伝え方」にもあてはめれば、当事者の声を伝えるばかりでなく、ゆるい関わりを許容するような伝え方ができるのではないだろうか。それを仮に「オープン・ジャーナリズム」などと名づけてしまってもいいかもしれない。当事者の声だけでなく、ふわりと参加してしまった人にもフォーカスする。弱者救済型ではなく課題解決型を目指す。部外者が応じるおもしろさに着目する。1ある関わりを7や8に高める伝え方ではなく、0から1、1から2の関わりをあらたにつくる伝え方。それが、オープン・ジャーナリズムだ。

ぼくは、2020年から、朝日新聞のパブリックエディターという役職に就いている。読者と編集局のあいだに入り、あくまで読者の観点から、編集局に対してさまざまな提案をするのが仕事だ。メールや電話、投書などを通じて朝日新聞に寄せられたさまざまな読者の声をチェックする。そこには、事件や事故に対する憤りや、弱者の声に対する共感、朝日新聞に対する批判や要望など、いろいろな声が書き連ねられているのだが、最近、それらの声の中に「私にもできることがありませんか?」と、自ら課題に関わろうとする人たちの声が散見されるのに気づいた。なんらかの困難に対し、これはこうすべきだと論評するのでも、賛成・反対の声をあげるのでもなく、自分も関わりたい、自分にできることはないのかという声が寄せられていたのである。そこには、少なくない数の「共事者」の存在を感じることができる。

メディアとは媒介である。その語源とされる"medium"には「中間の」という意味もある。なにとなにの中間で、なにをつなげるのだろう。そのひとつに、ぼくは、当事者と非当事者を媒介する役目があると考えている。当事者と非当事者の「あわい」に共事者はいる。関わりは無限にあり、当事者「性」にもまた、無限のグラデーションがある。その濃淡を比較して関わりを排除するのではなく、当事者の声を守りながらも、さまざまな関わりを許容し、あらたな関心、あらたな関わりを模索していく。メディアとは、そのように「共事することで当事する」存在だとぼくは思う。

ちなみにこの手法、ぼくは、いわき市で関わっている地域包括ケアのメディア『いごく』や、本書のきっかけとなったクリエイティブサポートレッツのウェブマガジン『表現未満、マガジン』の連載などで実践してきた。当事者でも専門家でもない。ド素人の部外者のくせに、結果として、期せずして、社会課題に関わってしまったり、解決する糸口をつかんでしまう。ぼくはそんな回路をつくっていきたいし、世の中が、よりまじめに、より深い関わりを目指すようになっているいま、ゆるく、ふまじめに、いろいろなところに首を突っ込んでいきたいとも思っている。それがメディアの、いや自分自身の役割だと思うからだ。

「共事者モデル」の関わり方

もうすこし、「共事者モデル」の関わり方について考えてみたい。具体例をあげるとするならば、レッツが企画している「タイムトラベル100時間ツアー」はその最たるものだ。専門的な知識がなくとも、なんら福祉事業の経験がなくとも参加できる、すべての人に開かれたツアー形式の体験プログラムである。中身は、レッツの運営する施設で100時間を過ごす。ただそれだけ。いるだけでいいし、いっしょに遊んでくれるだけでいい。なんなら歌を歌ったり音楽を楽しんでてくれてもいいし、絵をいっしょに描いてもいい。あなたも過ごしたいように過ごしていい。そのような低いハードルが、福祉の場を社会に、外部に開く。

また、本書の中盤で紹介した、民俗学のフィールドワークのように高齢者と接しようという介護民俗学や、老人ホームが地域史のリサーチャーたちの活動の場になるという話もまた「共事者モデル」だといえるだろう。利用者のためだけに行う一方的支援ではなく、自分の欲求や関心に引き寄せ、自分のためにも行うアプローチを入れることで双方向の関わりをつくりだすものだからだ。

福祉以外の「べつの魅力的な要素」を組み入れると「共事者モデル」を構築しやすい。たとえば、重度の障害のある人たちの施設に、地元で有名なシェフを呼んで美食イベントを開催するとか。おいしいものを食べるために来たのに、そこに障害のある人たちも混ざっている。そういう「ごちゃまぜ」な場をつくることで、参加者は期せずして、障害や困難を抱えた人たちと「ただ、いっしょにいる」ことが可能になる。その結果、彼らの暮らしぶりに気づくことができるかもしれないし、福祉について考える場になるかもしれない。

じつは、ぼく自身も、共事者モデルのイベントを企画している。月に1回、いわき市内の鮮魚店で開催している「さかなのば」という食のイベントがそれだ。福島の漁業は、原発事故以降、原発や汚染水といった大変重い困難を抱えている。多くの参加者は漁業者でも水産加工の会社員でもない。まったくの部外者だ。けれど、当事者ばかりがこの問題を考えればいいわけではない。もっとたくさんの人と、福島の漁業について考えたいと思っている。

このイベントを通じて、あなたがうまそうな福島県産のカツオの刺身を食べるとする。自分の胃袋に福島県の魚を収めるわけだから、その時点でもはや部外者とはいえないだろう。参加者が酒を飲み、気持ちよく福島の魚について語る。隣の席に座っているのは、水産市場の担当者かもしれないし、漁師かもしれないし、問屋さんかもしれない。課題を抱える人たちと、こうなったらいいなあ、こんな魚を食べたいなと期せずして語りあう。そこにいる人たちは、もう立派な当事者だといえはずだ。福島の美酒を飲んで気持ちよくなった参加者に向けて、ぼくは毎回こう語ることにしている。「福島の魚を食べてしまったからには、みなさんはもう福島の漁業の当事者です。なんの遠慮もいりません。堂々と、福島の漁業の未来や課題を、好き勝手に話してください」と。

もちろん、その課題に直接的に関わるわけではないから、当事者や支援者からしたら物足りない、そんな場づくりに意味はあるのかと感じるだろう。いっぽう、「社会モデル」がいうように「社会の全員が当事者」だと宣言しても、多くの人たちは無関心で課題解決のための具体的な行動を取る人は多くない。だから、課題の多くは、当事者とその周辺の人たちばかりが背負わされることになってしまう。だとするなら「当事者が決めればいい」でもなく、「みんなが当事者だ」でもなく、もっとべつな存在を言語化しなければいけないのではないだろうか。

当事者やその家族、支援者や専門家、つまり当事者的な関わりをする人たちと非当事者のあいだには、「関心はあるけれど声をあげるところまではいっていない人」や、「関心があるがゆえに当事者に配慮して行動に移せない人」や、「興味があるがゆえに関わり方を気にしてしまう人」が確実にいる。当事者とはべつの関わり方なら関われるという人もいるだろうし、興味すらなかったのに、自分の好きなことや興味のあることを突き詰めていったら結果として障害者福祉に関わっていたという人もいる。本書のはじめのほうに書いた。人間は、図らずも、困難を抱えた人たちの居場所になる可能性を有してしまっているのである。

ぼくは、当事者と共事者が期せずして出会ってしまい、楽しい、おもしろい、興味深い、と楽しんでいるうちに、結果として課題解決のための道筋を考えることにつながってしまった、というような場が大好きだ。実際、そんな場づくりを心がけてきた。そこに「誤配」が生まれやすくなるからだ。本来は魚が食いたくて遊びにきたのに、福島の汚染水を考えることになった。歴史のリサーチをしにきたのに、なぜか目のまえのおばあちゃんにすごく感謝され、認知症というものを考えずにいられなくなった。ライターとしての仕事に飛びついて浜松まで来たら、障害者福祉に関する本を1冊書くことになった。そういう「誤配」や「エラー」が可能性が生まれる環境をつくること。それが「共事者モデル」だと、いまのところぼくは考えている。

物事を知らないなら語るな、中途半端な気持ちで関わるな、勉強してから語れ。そんな言説が、政治を語ることすら難しくさせている。これも、政治から「共事者」を排除してきたことで生まれた問題だといえるかもしれない。当事者の声を聞くことは大事だ。「共事者」の関わりをつくることも大事だ。ぼくたちがいま取り戻すべきは、より強い関わりではなく、未来の当事者やふまじめな「共事者」を許容する、寛容な入口なのだと思う。

19

受け継がれるゲップ

2020年3月。およそ1年にわたる「表現未満、の旅」もいよいよ終わりが見えてきた。最後はオガちゃんと散歩で締めようかなあ、いや、たけちゃんの暮らすシェアハウスで小さなパーティでも開こうかなあとあれこれ思案していたところ、世界を騒がせることになる、新型コロナウイルスの流行がはじまった。世の中は一変し、日々のニュースはコロナ一色となった。大勢の人が暮らす首都圏だけの流行には収まらず、4月に入ると「緊急事態宣言」が全国に向けて発出された。親しい友人たちと杯を交わすことなど論外。「三密」という仏教用語みたいな言葉があっというまに流行語になり、だれに会うにもマスクが必要となった。多くのことがらが「不要不急」とカテゴライズされ、ぼくたちの行動は大きく制限されることになった。ぼくの暮らす福島県いわき市でも、レッツの拠点のある静岡県浜松市でも感染者が見つかり、レッツのスタッフから「しばらくのあいだ、外部の人たちの出入りをなくしたい」と連絡をもらったぼくは、スカイプやフェイスブックのアプリを通じてしか、レッツのみなさんとコミュニケーションが取れなくなった。旅を締めくくるはずだった春は、コロナの喧騒とともにあっというまに過ぎていった。

みんなどうしているだろうか。久しぶりにミーティングするのに、翠さんや、スタッフの夏目さんとフェイスブックのチャットアプリをつなぐと、画面越しに、いつもどおりのレッツらしい騒がしい音が聞こえた。連絡事項を伝えようとするのだが、リョウガくんの声で会話が聞こえず成立しない。翠さんが「ちょっとちょっと」とリョウガくんをおさえる。そのやりとり。たまらないなあ。思わず「うわー、おれもそこに行きてえ」と思った。「こっちはなにも変わりませんよ、三密避けろっていわれたって避けたらなにもできないし、みんなマスクは外しちゃうし、ほんと、なにも変わりませんよ」と翠さんは苦笑する。いいなあ。世の中はコロナコロナと騒がしい。レッツはいつもどおり騒がしい。それがうれしくて、なんとも心強く、そして、福祉や対人支援の「替えの利かなさ」を痛感した。「三密を避けよう」、「ステイホームしよう」、コロナ感染拡大を防ぐための言葉が、とても痛々しく耳に響いた。

翠さんによれば、レッツは「緊急事態宣言中」も、居場所をつくり続けた。すべての事業所を開け、感染に細心の注意を払いながらも、これまでとおなじように、「いたいようにいられる場所」を続けてきた。画面越しに久しぶりに見る翠さんがすこし疲れているように見えたのは、たぶんそのせいだろう。三密する福祉サービスが多くの人たちの暮らしを支えていたんだなと、翠さんの顔を見ていまさらながら痛感した。それが「三密を避けろ」だなんて、あまりにも「健常者中心主義」がすぎるよなと思わずにいられなかった。

いっぽうで、レッツの支援は相変わらず過激だった。レッツのツイッターアカウントに、オガちゃんの笑顔を見つけた。なんと、ネットをつないで、オガ小屋にいるオガちゃんとオンラインランチしようという企画が生まれていたのだ。うそでしょ。いや、なんども見直したけどガチだった。ぼくの友人がその企画に食いつき、実際にオンラインランチしたそうだ。オガちゃんはパソコンが好きだ。そしてだれかと会うのが好きだ。置かれている状況をうまく支援に活用する。またスタッフの高林さんの仕業かなとニヤリとしてしまった。

ぼくのその友人は、これまでレッツとなにも関わりがなかったにもかかわらず、「オガちゃんとゲップしました」とぼくに報告してくれた。最高かよ！　ぼくはその報告に、バトンが受け継がれたのを感じた。先日まで、旅が締まった気がしないとモヤモヤしていたけれど、友人の「ゲップ報告」に、あらたな観光客の到来を見た気がしたのだった。ぼくは、浜松に行かずして、旅のひとつの区切りをつけられそうだ。ゲップは受け継がれたのだ！

ぼくの1年にわたる旅は、1冊の報告書になった（本書はその報告書がもとになっている）。その報告書の前文に、ぼくはこんなことを書いた。

部外者のぼくたちは、本書で何を「報告」しようとしているのでしょうか。ひとことで言えば、よそ者目線で見た障害福祉の面白さではないかと思いました。本書には、部外者たちの新鮮な驚きや葛藤、自省、無邪気な楽しさが綴られています。いろいろ考えさせられ反省もしましたが、実際面白かった。それを報告するほかありません。

あらためて振り返ると、たしかにぼくはこの1年、レッツの拠点で楽しい思いばかりをさせてもらった。なぜかといえば、身もふたもないけれど、仕事をするわけでもなく、利用者を介助するわけでも、専門的な支援会議に参加したわけでもないからだ。ぼくは、レッツのメンバーたちに、「専門家」として会ったわけではないし、「研究者」として会ったわけでもないし、「支援者」として関わったわけでもない。「観客/観光客」として関わってきたにすぎない。けれども、その「観客/観光客」という立場の中途半端さが、かえって自分の属性を引きはがし、ニュートラルな位置に引き戻してくれた。そして、そのニュートラルな属性に立ち返ったうえで、「表現未満、」というこれまたエッジのきいた用語がインストールされる。それによって、みんなと「友だち」になれたという気がする。

「表現未満、」は、本書で探ってきたように、目のまえの人が大切にしていることを創造の軸として認め、さまざまな行為を「迷惑行為」ではなく「大切な行為」だと捉えておもしろがる言葉である。そんな言葉が、ニュートラルな立ち位置で初期化されたぼくの思考にインストールされるわけだ。影響が大きくないはずがない。そこから起きるすべては、たちどころに「おもしろい」ものになってしまう。

「表現未満、」は、関係性の言葉だということも、本書でたびたび言及してきた。本人ではなく、あくまで周囲の人間が、「それって『表現未満、』かもね」と許容していく言葉だ。関係性の言葉、すなわち、関わりが生まれてしまう言葉である。その人との関わりは、よりヴィヴィッドに、そしてポジティブに記憶に残っていく。

ぼくたちは、自分たちの知らないうちに、「健常者と障害者」を峻別する世界に生きている。障害や福祉を知らない人ほど、素直に、よかれと思って健常者と障害者をわけて考えてしまうだろう。むしろ、弱き彼らを守っていくのが健常者の役目だと思っているかもしれない。小さいときからそうして暮らしているから、そうした視線のフィルターを外すのは、とても難しい。また、ぼくたちは、どうしても、人の行動に「意思」や「責任」のありかを探してしまう。ぼくたちの使う言語がそうなっているからだ。けれど、レッツの掲げる「表現未満、」は、意思や責任という概念を揺るがせる「中動態的」な支援のありようを見せてくれた。「支援する／される」は、つねに揺らぎの中にある。障害者の面倒は親が見ろ。自己責任が果たせないなら家族で責任を取れ、というような言動が、じつは、ものすごく限られた見方から生まれているということを、ぼくは「表現未満、」を通じて知ることができた。

最初は、「『表現未満、』って、アール・ブリュットとか、エイブル・アートみたいなものでしょ」と思っていたぼくだが、いざこうして考えてきたことを1冊にまとめてみると、「表現未満、」とは、数ある芸術や表現のジャンルのひとつではなく、それらをもっと大きく包括するような「哲学」であるように思える。そう、これは、レッツのスタッフとメンバーたちがつくりあげた哲学なのだ。

その哲学にふれ、そこで生まれた問いを、自分なりに考え、そして考えるうちに、いつのまにか、ぼくの思考もすこしずつ変化してきた。この言葉のおかげで、ぼくは寛容になれた気がするし、ものごとを、まえよりもおもしろがれるようになった気がする。異なる考えをする他者を受け入れられるようになった気もするし、世界が、より複雑で豊かで多様なものとして見えてきた気がする。その意味で、本書は、ぼくの「世界の捉え方の変化」を書き綴ったものといえるかもしれない。ひとりの人間の思考を、これほどまで大きく変えるような力を、「表現未満、」は持っていたわけだ。その哲学は、もちろん、ぼくだけに開かれているわけではない。レッツの内部だけでしか通用しない哲学でもない。「表現未満、」は、人に向きあい、家族に向きあい、社会に向きあい、課題と向きあうすべて人に、しなやかな力を与えてくれるものだ。

いや、哲学というとなんだかすこし大げさかもしれない。本書の最後に安直に定義すれば、『表現未満、』とは、「友だちをつくる言葉」だと宣言しておこう。ぼくたちは、障害が見えにくい社会で健常者として暮らしている。障害のある人が、実際にどんなふうに生きているのかを知るチャンネルはほとんどない。だからいつも、障害のある人たちに出会うと彼らを「障害者」として見てしまう。「表現未満、」はそれを引きはがし、目のまえの人のあるがままを、おもしろがりながら受け入れる態勢をつくってくれる。「表現未満、」を通じて、ぼくたちは、「支援する／される」の関係ではなく、友だちとして出会い直すことができる。

友だちは、当事者にとっても必要なものだと思う。翠さんの講演について書いたテキストを思い返してほしい。彼らは幼いときから、家族と支援者に囲まれて暮らしている。それ以外の人間関係を知らず、当事者も家族も、その狭い世界に閉じ込められている。翠さんは「親目線でも福祉目線でもなくて、友人として知りあい、仲よくなる。そういう友人こそ、彼らの人生をつくるんだと思います」と語っていた。彼らにとって、友だちとは「外部」そのものだ。友だちの存在が彼らを変える。彼らの小さくとも新しい依存先になる。障害者ではなく友だちとして、支援対象ではなくフラットな関係で新しく出会うための言葉。それが「表現未満、」だ。

といっても、これはあくまでぼくの考えだし、ここに書き綴ってきたことこともまた、あくまでぼく個人の体験記にすぎない。あなたがレッツを訪れたら、「表現未満、」は、またちがった光を放つことだろう。だから、本書を読み終えたらぜひ浜松を目指して欲しい。そして、レッツが誇る「タイムトラベル100時間ツアー」に参加してもらいたい。本書では紹介しきれなかった個性豊かなタレントたちがあなたの到来を待っていることだろう。そうしてつぎの観光客が、つぎの「共事者」が、「表現未満、」に新しい解釈を加えていってくれたらいい。

コロナウイルスの流行が一段落したら、ぼくもまた浜松を訪れる。早く、あのカオスな空間にどっぷりと浸かりたい。日中は、オガ小屋でゲップをしながらコーラで乾杯。宿泊は、もちろん3階のシェアハウスだ。この本を手にしたみなさんとも、そこで出会えたらいい。ヨソモノ同士、たけちゃんと晩飯のテーブルを囲み、オガちゃんとゲップしあう。そんな光景を、ぼくは心から楽しみにしている。

20

対談

「福島」と「障害」が出会うとき

小松理虔×久保田翠

小松　レッツとの関わりが生まれてから8年近くになります。最初は、久保田さんが震災後の福島県の文化事業の視察にいらっしゃったときでしたね。

久保田　そうそう。あのときはレッツの職員を全員連れて福島県内に文化事業の視察に行ったんです。どうしても福島の状況が気になっちゃって。そのとき、福島県立博物館の学芸員の方に小松さんを紹介されて。だから、もともと福祉ではなく文化事業を通じた出会いでしたね。

小松　そうでした。

久保田　その後、私が小松さんにレッツの「観光プロジェクト」のシンポジウムへの登壇をお願いしたりするなかで、関わりが深くなっていきました。でも今回、この「表現未満、」のプロジェクトをいっしょにやりたいと思ったきっかけは、やっぱり小松さんの『新復興論』を読んだからなんです。「原発は障害だ」って小松さんが書かれたところがありましたね。これはほんとうにその通りだなと思いました。障害っていうのは特別なことのように見えますけど、そんなものまとっていたら生きていけなくなるし、障害があろうがなかろうが毎日楽しく生きていかなきゃいけない。もちろん、障害者が置かれた状況に怒らなきゃいけなかったり、配慮しなきゃいけないことはあるけれど、でも、それを特別なものにしちゃいけないな、きっと福島もおなじだろうな、と思います。

小松　そうですね。原発事故はぜったいになかったことにしてはいけないんだけど、でも、だからといってそれでがんじがらめになる必要はない。福島で生きていれば、もちろん日々楽しいこともあります。楽しく暮らすことと、忘れてはいけない困難を抱えて生きていくことは、本来は共存できると思うんです。むしろ、ぼくらが楽しく日々のありようを綴っていくことが、めぐりめぐって、震災や原発事故を忘れないことにもつながっていくんだと思います。

久保田　障害や原発事故のような課題を特別扱いしてしまうと、「自分とはちがうところにあるもの」と思われて、どんどんその課題に関わりづらくなっていきますよね。そうじゃなくて、課題があるなかで生々しくも楽しく生きている毎日を、「あなたはどう引き取りますか？」って私はみなさんに聞きたいんです。

小松　福島は原発事故後、課題に対する専門性や当事者性がどんどん強まって、その専門性や当事者性を武器にした主張の主導権争いのような場になったと感じたことがありました。「当事者がこういってるからそれが正しい」みたいな。それが続くと、当事者ではないと考えている人は、より語りにくくなるし、無関心も大きくなって、極端な言説が勝ち残り、当事者も語ることができないという構図に陥ってしまいます。だからぼくは、「当事者ではないと思っている人」にも関わってもらいたい、語ってもらいたいと考えてきました。

久保田　原発や障害のような課題って、自分とは遠いところにあるように思えるけど、じつは自分の置かれている環境と地続きになっていますよね。私も、ひとりでも多くの人に、そのことをわかってもらいたいなって思っています。当事者を特別扱いするということは「あなた（＝当事者）は自分とはちがう」という構造が裏に隠れていると思うんです。でも、そうじゃなくて、障害なんてあなたのそばにも絶対あるよって。あなただって家族のことで悩んだり病気のことで悩んだり、みんないろいろ悩んでるじゃないですか。それとそんなに大差はないんだよって。

小松　そうですね。『新復興論』でも、これは福島だけの話じゃなくて、あなたの地元の話でもあるんだと問いかけました。あなたの地域も、大きな課題を抱えていて「これからさきどうすんの?」っていう状況に置かれているかもしれないよって。原発事故はとてもシンボリックな事故だったけれども、おなじような構造は全国各地に存在しています。そうした課題と距離を取ってしまうと、「おれたちってどういう社会にしたいんだっけ?」みたいなことがどんどん語りにくくなっちゃう。原発や障害っていう、一見関わりにくい問題も、じつは自分と地続きなんだって感覚は忘れないでいたいですね。

専門外の関わりが開く回路

久保田 さきほど、小松さんから専門性が深まるほど課題への関わりにくさが高まってしまうというお話がありましたけど、専門性をなるべく脱却するという意味では、レッツのスタッフもそうかもしれません。福祉の専門家はひとりもいないんです。

小松 そうでしたね。福祉系の大学などで専門的に学んでくると、この障害にはこういう対応、みたいな正しい対応を先回りして学んでしまうという面もあると思います。もちろんそれは大事なスキルであり知識だとは思いますが、施設の利用者とおなじ目線でおもしろいことやっちまおうぜっていう方向にはなりにくい。福祉の考えがインストールされちゃうと「いっしょに遊ぶ」

みたいなことが難しくなるのかもしれません。

久保田　そうなんですよ。レッツのスタッフは福祉の専門的な知識がない、いわばふつうの人たちだからおもしろがることができるんだと思います。以前、スタッフの尾張さんが男性利用者さんに化粧をしはじめたことがありました。彼が化粧が好きだったっていうのがあったので理解できたんですけど、そのまま外に出て行っちゃって。そのときは「さすがにまずくない？」と思ったんですけど、彼らは行っちゃうんですよ。でも、実際にはなんの問題もなかった。そのとき、私の中にも気づかないうちに凝り固まった価値観とか、考え方のバリアがあるのかなと思わされました。

小松　ぼくも、あれはレッツに来て2回目だったと思いますが、入野の「のヴぁ公民館」で水浴びしてるこうちゃんがいて、それだけでもすごいのに、スタッフの蕗子さんもいっしょにびしょ濡れになって遊んでるわけですよね。びっくりしました(笑)。スタッフが利用者を見守るという構図じゃなくて、いっしょにやるのがすごいなと思います。障害福祉の専門家じゃないからこそのアプローチというか。さきに福祉の知識を身につけてしまうと、関わりが限定される気もするんです。

久保田　みんなまじめだから、余計に勉強しちゃうんですよね。

小松　以前、高校生と高齢者の交流会イベントを開いたことがありました。建前上は「高齢者との交流」なんだけど、そこに集まった「高齢者」は、じつは、みなさん話すことに障害のある失語症の方たちだったんです。高校生たちは、なんだかうまく意思疎通ができない、なんでだろうと考えながら、なんとか試行錯誤していくんです。すごくいいイベントでした。それを見た言語聴覚士の方が「失語症とはなにか」を知るまえに、人として出会い、コミュニケーションする機会が必要なんだと力説されてたのを思い出しました。それとおなじで、レッツのスタッフたちは専門的な知識がないゆえにおもしろがれるのかなと。いや、そうしてフラットに立てることこそ専門性といえるのかもしれませんが、いずれにしても、フラットな関係になれないと「水浴びはダメ」と抑えてしまうかもしれません。

久保田　本来の人と人のつきあいって、人によっていう言葉がバラバラですよね。みんなが教科書通りの話をしてくれるわけではない。たとえばなにかをお願いするときに、だれかはいいといったけどほかのだれかはダメだった、みたいなことがふつうの人間関係にはあって、レッツでもそういうことがよく起こります。利用者さんにとってはすごく混乱することもあるわけです。でも人間って利口で、自分を許してくれる人に要望を伝えに行くんですよ。スタッフに対して「あ、こいつはダメだな」って思うと、利用者さんは、自然とそのスタッフに伝えにはいかなくなる。社会ってそうじゃないですか。だから、コミュニケーションすればいいんだって利用者も気づける。そのためにも、みんなやり方がバラバラでいいと思うんですよ。

小松　そして、そういう人と人のつきあいを、施設の中だけで閉じずに開いていく、オープンにしながら獲得しようというのがレッツらしさですよね。

久保田　そうかもしれませんね。2016年からやっている「観光」の事業が大きいのかもしれません。外部の人に施設の中を見てもらおうという取り組みです。じつは、それまではアートを押し出してたんですけど、意外に人に伝わらないことがわかって。それを払拭するにはどうしたらいいのかなってずっと考えていたら、観光家の陸奥賢《むつさとし》さんにゲストに来てもらったとき、陸奥さんから「自分で光を探しに行くのが観光だ」という話を聞いて、「観光」にたどり着きました。

小松　ぼくだってここに部外者として「観光」に来てるわけですしね。そのおかげで、ぼくは障害について考えるようになりましたし、本も生まれました。でも実際には、こうやって外に開いている福祉施設って、そんなに多くないですよね。

久保田　そうかもしれません。でも、こうして開いてみると、やっぱりいいところばかりではないです。なんでも見せちゃうって、ある意味暴力的なことでもあるから。観光しに来ている人がいても、利用者たちは喧嘩しちゃったりとかトラブルが起きたりします。それに対してすごく不快な思いをして帰るっていう人もたまにいます。ほんとうにいろいろなことが起きますから。

小松　外に開くってそういう側面がありますよね。東浩紀さんは『ゲンロン0　観光客の哲学』という本の中で、観光というのはエラーが生まれてしまう、「誤配」が起こるということが希望なんだといっている。外に開くことで、もしかしたら自分とはちがう考えの人も来るかもしれないけど、これまでにはつながれなかった人たちと出会う可能性だってあるわけです。むしろ、そういう想定外のエラーが、おもしろいものを生み出してくれるかもしれない。福島もおなじで、「どんどん来てください」っていえばめちゃくちゃ嫌なヤツが来るかもしれないし、トラブルを起こす人だって来るかもしれない。でも、閉塞感が強くなってだれもが語りにくくなるよりは全然いい。

久保田　みんなが100％「いい」っていうところなんて信用できないですよね。

小松　そう思います。たしかに、原発事故についてひどい言説もたくさん浴びせられたけど、放射線のことも勉強してください、風評被害のことも勉強してください、そうじゃなければ関わらないでください、みたいなムードになっちゃうことにも違和感がありました。それでは「誤配」が生まれないし、わかってくれてる人しか福島に来なくなってしまう。何年かまえ、県外の大学生と福島県内をめぐったとき、原発事故の帰還困難区域を訪れた学生が「リアルでバイオハザードみたいだ」というようなことをいって、さすがにひどいなと思いました。ほんとうならすぐに怒るべきだったかもしれないけど、まずは彼らがどんな言葉をアウトプットするのかを見てみることにしました。そうしたら最終的にめちゃくちゃいいレポートを書いてきたんです。彼らは調べるほど困難にぶつかっていくんだけど、そのときそのときで悩んで、反省して、展望を開いていく。そういう「考えさせる力」のようなものを、被災地は持っている気がします。

久保田　障害も福島も難しさゆえに避けられているから、意識的に観光を取り入れる必要があるのかもしれませんね。少なくともレッツはそうです。仮に障害がみんなに受け入れられたら、もうこんな活動はしなくていい。だけど、そうはなってないから。だからこそ、わざわざこんなまちの中になにをやっているのかわからないような施設をつくって、外に開いているんです。

小松　レッツの活動って、ある種の抵抗運動なんですよね。

久保田　「重度の障害者だったらもっと環境のいいところ（郊外や山奥など）に行けばいいじゃん」という言葉も聞こえてきますが、それよりも、なんでこんなまち中にこんな施設をつくらなきゃいけないんだっていうところに理由があるんです。そうやって一生懸命抵抗してるんですよ。

小松　いくら環境がよくても、それが社会から切り離された場だったら、社会は変わらないですしね。障害のある人ではなく社会の側に課題があると考えると、当事者の問題だけでなく「ぼくの問題」だということもできると思っています。だから、「当事者の話を聞け」っていうのは、一歩まちがえれば、当事者だけにその問題を押しつけることにもなりかねません。当事者じゃない人なんていないわけですから、みんなで考えられる場が必要だと思います。

隙のない社会に必要な「共事」

久保田　2020年の春、たけし文化センターの3階でシェアハウスをはじめました。私の家庭の状況から必要に迫られてつくりました。去年、夫が亡くなったんです。そんななかで、重度の障害のある壮もいる。壮の成長とともに家族の疲弊度は増していく。でも預かってくれる人はいない。ひとりでは介護できない、でもサービスはない。そこで、シェアハウスをつくりました。

小松　グループホームではなくシェアハウスなんですね。

久保田　壮は、なにかの入れ物に石を入れて叩くっていうのをずっとやるんですけど、入所施設でそれをやると迷惑だといわれてしまう。あくまで共同生活をしているんだからということで取り上げられてしまうんです。そんなことできるわけないじゃんって思って。もう自分でやるしかない。それで「アルス・ノヴァ」ができて、シェアハウスもできました。でもね、よくよく考えてみると、そもそも世の中にこういうときのサービスがないのがおかしいんですよ。

小松　そうですね。施設でも学校でも、だれかの役に立つ人間にならないといけない、なんらかの経済的な価値を生み出さないといけないという空気があります。すると、みんなが無理やり訓練したり、薬で抑えたりっていうふうになってしまいますよね。「アルス・ノヴァ」には「ただいる」ことができるけど、「ただいる」っていう選択肢は世の中にほとんどない。世の中の空気を変えるのは、当事者ではなく、本の中の言葉でいえば「共事者」の仕事だと思います。

久保田　社会に寛容性がないんですよね。社会の側の問題だと思います。

小松　テニスプレーヤーの大坂なおみさんが黒人差別に抗議して試合をボイコットしたときにも、叩かれたのは差別する側ではなく大坂さんでした。叩いた人たちは、大坂さんの行為をある種の「迷惑行為」だと思っていたんだと思います。そこで重要なのは、ボイコットさせているものはなにかを考えることだと思うんです。そうやって背景を探る、じっくりと社会の問題を考えることだと思います。いっぽうで、バッシングする人にも背景はあるのでしょう。差別やヘイトスピーチはダメですが、なぜそんなふうに他者を叩かざるを得ないのかを考えると、彼らも社会の中で排除されているのかもしれません。レッツの活動のおもしろいところは、そういう「背景を探る」というようなことを、つねに社会に対して投げかけていることだと思います。施設の中がいい雰囲気で、利用者さんとスタッフがすごくいい時間を過ごしている、それだけで完結させずに、あえて社会に開いていくという。

久保田　そうやって怒ったり叩いたりしてる人を見ると、むしろ、こんなことで怒らなきゃいけない社会っていったいなんなの？　って気持ちになるんですよね。もうちょっとみんなが許しあえるようになるには、障害のある人たちがどんどんまちに出ていろんな問題を起こすことだと思っています。問題が起きないから考える機会もなくなってしまう。だから、そうやって私たちが社会に対して石を投げ続けていくしかないんです。社会に対して石を投げて、いままで社会が回ってきた方向とはちがう、逆回転を起こすようにして。

小松　本書の後半にはメディアの話も入れました。いま、メディアでは「答えのないこと」が語られにくくなっていると感じています。たとえば、なにかの課題があるときに、この人は大変だといってる、専門家によるとこう対処すべきだといわれている、みたいな、わかりやすい解答のある記事が求められている。メディアを通じて答え探しをしてる感覚というか、だれかに「こうするべきだ」といわれないと動けなくなっているわけですよね。そういうわかりやすい答えを書いたほうが社会にもウケるのかもしれないけど、もっと考える回路が必要ですよね。

久保田　安心するんでしょうね、そうやって書くと。ほんとうはもっとモヤモヤしながら深堀りするような記事があるといいですよね。

小松　そうなんです。もっとモヤモヤして、これってどうなんだろう、この人はこういってるけど、それがすべてじゃないよなっていうふうに考えてもらうことも必要なはずなんです。だけど、いまって、やっぱりなんでも即時的に反応したくなる社会じゃないですか。

久保田　どっちが正しいかという議論に陥りがちですよね。でも、そういう議論が怖いのは、自分たちが正しいっていうのが前提条件になっていることなんですよね。そんなのどっちでもいいじゃんって思うんですけど、どっちが正しいか二項対立の議論がすごく多いんですよ。だから私は哲学が好きなのかも。レッツでは哲学カフェもやっているんですけど、以前、臨床哲学者の西川勝さんをお招きしたとき、答えを導き出さなくていいんだっておっしゃったんですよね。問いをつくって投げっぱなしでいいんだと。そのときに、「あぁ、そうだ。それこそ文化だ」って思ったんです。だからそういうことがもっと広がるといいですね。

小松　なんでも成果を求められてしまう社会なので、答えが出ないものを悶々と考え続けていくことに対する評価がものすごく低い。それやってなんの意味があんの？　なんの成果があんの？みたいになってしまう。でも、答えが出ないんだってことに気づいていくことが大事だって価値観が根づけば、少なくとも「論破」なんて意味がなくなると思います。

久保田　それでいうとね、私、ちょっと理想主義的なところもあるんですけど、今回のコロナ禍はひとつのチャンスなんじゃないかと思うんですよ。いままで費用対効果っていわれてきて、それが医療や福祉にも及んでいた。でも、今回セーフティーネットというものがどれだけ大事だったかということが証明されたじゃないですか。コストパフォーマンス最優先だと、人って幸せに生きられなくなるってことがちょっとわかったんじゃないかって。だから今回のコロナ禍は、いろんな人たちが幸せに生きるにはどうしたらいいのかっていうことを、みんながいろんな意見を出しあいながら考えるいい機会だなと思って。コロナ禍には、そのヒントがあるなって。

小松　そうですよね。費用対効果を高めてつくったつもりのものが、かえって大きなコストになってしまうみたいな。それは今回のコロナ禍ですこしずつ明らかになってきてますよね。

久保田　だから、やっぱりいざというときに備えて、医療とか福祉にお金をかける文化がここで育たないともうダメだなって思います。で、それを実現できるのって障害のある人たちかなって思うんです。障害のある人たちは、たしかに国からお金をいっぱいもらって支えられているけれど、お金の使い方としてまちがいじゃないと思うんです。今回のコロナがそうだったように、彼らの存在が、いつかだれもがそうなったときに使える最低限のセーフティーネットをつくっていくのだと思いますし、いざとなっても、みんなが安心して生きていけるんだって思えたら、身を粉にして病気になるまで働かなきゃとか、生産性を高めなくちゃとか、そういうふうにはならない気がするんですよ。レッツの活動って、まさにそこを変えたい、そこが変わって欲しい、そう思っているからこその活動なんだと思います。

小松 久保田さんはいままで、レッツの活動を必要に迫られてやってきたという経緯がありましたよね。そうした活動が、いつのまにか社会と共振を起こしているのかもしれませんね。

久保田 そうかもしれませんね。自分たち家族の居場所をつくっていたら、なんかいつのまにかレッツをやることになっちゃっていたんですよ。それは自分でもおもしろいなと思います。

小松 想定外の結果がレッツを生んだんですね。でも、それこそが社会を切り開くという気もするんですよね。そうやって自分と地続きのところから社会に石を投げ続けていくことで、当事者ではない、ふらっと遊びに来たような人たちがいつのまにか「共事」していく。いまのこの生きづらくなってしまった社会には、そういう遠回りのアプローチが必要なんだと思います。

2020年8月29日　於・浜松市たけし文化センター連尺町

おわりに

——ただ、そこにいる人たちから

認定NPO法人クリエイティブサポートレッツ　代表理事　久保田翠

久保田壮《くぼたたけし》、24歳。重度知的障害、障害程度区分6、強度行動障害あり。口唇口蓋裂、てんかん、側弯症、多動、全介助。

これが私の長男のことである。最重度といわれる障害者である。身長は150センチ。知的障害というのは見た目ではわからない。

たけしはいつもつなぎを着ている。いまとなってはたけしのトレードマークだが、つなぎを着たのはおしゃれだからではない。彼は便で遊んでしまう。だからズボンに手が入らないようにつなぎを着ている。いわば、拘束服なのである。

彼はじっとしていることができない。いつもプラスチックの入れ物を左手に持ち、その中にその辺から拾った小石を入れ、口元にもっていき右手で小刻みにたたき続ける。それは何かの楽器のようにも見える。ただ単にうるさいだけの時もある。しかし彼は周りの人がどう思うか、感じているか、全く気にすることはない。とにかく、その行為を365日、寝る時以外は片時も手放さないで続けている。

一般的に、これは問題行動といわれる。問題行動は「取り除かなければいけない」行為だと思われている。そのため、学校に通っていた12年間はこの石遊びに代わるものを探すか、あるいはこれをさせないで生活ができるように、最低限の身辺自立のための訓練を受けてきた。しかし、一つも成就しなかった。そして代わるものは見つからなかった。

彼はいまだに、排泄も、食事も、着替えも一人ではできない。発語もない。便で遊ぶ癖も治っていない。全介助といわれる、最も重い知的障害者である。

たけしはとにかく動き回る。片時もおとなしくできない。買い物や移動などで、とにかく人に迷惑をかけないようにすることが介助者としての親の務めのようになっていた。社会的規範を全く無視するたけしとそれを介助する私は、社会から排除されている感覚を常に感じてきた。私たちの居場所は社会の中にないように思われた。

たけしと私たち家族が安心して居ることができる場所として、彼が4歳の時に、クリエイティブサポートレッツを立ち上げた。2000年に誕生したレッツは、障害のある子どもとお母さんがワイワイガヤガヤ過ごす場所で、素朴な会だった。それが今、スタッフ27名の法人である。拠点も2か所あり、一つは浜松市の中心市街地に日本財団さんの支援を受けて3階建てのビルを建設した。これがたけし文化センター連尺町だ。障害福祉施設アルス・ノヴァの他に音楽スタジオやフリースペース、シェアハウスやゲストハウスもあり、街の文化創造発信拠点を目指している。

これまでの20年の活動の根底には「怒り」みたいなものがある。疎外される私たち、ありのままでいることが許されない、何か申し訳なく、後ろめたい感覚。そうしたことごとにいちいち「なんで？」と問いを投げかけた。そして「私たちのせいではない。変わるべきは社会側だ！」と結論づけた。そしてその社会側の変化をアートを通して促そうと思った。

それが今まで活動を続けてきた原動力だ。

一方で、レッツという活動は私自身の再生のための現場だったのではないかと思う。

小さいころから絵が好きで、美術大学の建築学科に進み、大学院で環境デザインを勉強した。卒業して小さな会社をつくり都市計画や地域計画のデザイナーとして社会に参画していた。仕事は本当に楽しくて天職だと思っていた。しかし、たけしの誕生によって私の人生は大きく変わる。仕事を辞め家に引きこもり、たけしと娘と夫とともに、社会とのずれを大いに感じながら生きてきた。介護も療育も子育てもすべてを家族が担う日本社会。それはすなわち「母親」である私がやるしかなかった。そうしたなかで、私自身が生きていくためにレッツという現場が必要だった。

「表現未満、」という言葉の中には、「未完成」「表現みたいなそうでないもの」といった、答えの見えない、あいまいなものが内包されている。そしてすべての人の取り組んでいること、存在自体を「大切なものとしてとらえる」といった考え方を提唱、実践してきた。

これは、2016年にレッツがつくった造語だ。それは、障害のある人をはじめ様々な人たちの「自己の回復」「尊厳の回復」と「表現」とのかかわりの中で編み出された言葉だ。「表現未満、」はすべての人の存在が肯定され、その人が生きたいように生き、暮らしたいように暮らすことができる社会への渇望である。

すなわちそれは「私」のことでもある。

この度、『ただ、そこにいる人たち』が書籍として刊行される。2019年度「表現未満、プロジェクト」の報告書の一部として冊子にまとめたものを改訂して現代書館さんより発行していただくこととなった。小松理虔さんの考察によってレッツの日常の中にある「表現未満、」が表されている。読者の皆さんが、あなたや周りの人たちの存在について、福祉について、表現について、考えていただける一助になれば幸いである。

2020年11月1日

＊本書は「障害者による文化芸術活動推進事業」（文化庁、令和元年度）の報告書を加筆・修正したものです。

小松理虔

1979年いわき市小名浜生まれ。ローカルアクティビスト。地元のいわき市を拠点に、食、観光、文化芸術、福祉などさまざまな領域で、場づくり、執筆、メディア制作などを行っている。単著『新復興論』（ゲンロン）で第18回大佛次郎論壇賞。共著に『ローカルメディアの仕事術』（学芸出版社）など。ライターとして関わる、いわき市の地域包括ケアの取り組み「igoku」で2019年グッドデザイン金賞。

認定NPO法人クリエイティブサポートレッツ

障害や国籍、性差、年齢などあらゆる違いを乗り越えて、様々な人が共に生きる社会の実現を、アートを通して目指すNPO法人。2000年に活動を開始。2010年に障害福祉施設アルス・ノヴァをスタートし、現在、生活介護、ヘルパー事業など4事業を実施している。2017年には「表現未満、」実験室その他が評価され、法人代表の久保田翠が芸術選奨文部科学大臣新人賞を受賞。障害のある人を核とした文化創造発信拠点を浜松市中心市街地に「たけし文化センター連尺町」、郊外にて「たけし文化センターのヴぁ公民館」を運営している。

〒430-0939　静岡県浜松市中区連尺町314-30
［電話］053-451-1355　［メール］lets-arsnova@nifty.com　［ホームページ］http://cslets.net/
［「表現未満、」公式ウェブサイト］http://cslets.net/miman/

ただ、そこにいる人たち

―― 小松理虔さん「表現未満、」の旅

2020年 11月 30日　第1版第1刷発行

著者　小松理虔、認定NPO法人クリエイティブサポートレッツ
発行者　菊地泰博
発行所　株式会社現代書館
〒102-0072　東京都千代田区飯田橋3-2-5
電話　03（3221）1321
FAX　03（3262）5906
振替　00120-3-83725

印刷所　平河工業社（本文）
東光印刷所（カバー）
製本所　鶴亀製本
ブックデザイン　BOB.des'（ウエダ トモミ）
校正協力　渡邉潤子

ISBN978-4-7684-3583-0

活字で利用できない方のための
テキストデータ請求権
『ただ、そこにいる人たち』